Michael Nolan

CATECISMO DEL PUEBLO

CATECISMO DEL PUEBLO

HACE RESONAR EL MENSAJE QUE JESUS DE NAZARET TRAJO AL MUNDO PARA EL ADULTO DE HOY

EDITORES:
Rev. Santiago O'Farrell, S.J.
Hna. Virginia Laporte, O.S.U.
Mario J. Paredes

Nihil Obstat:
Rdo. Carlos Rozas
Censor Librorum

Imprimatur
☩*Leo A. Pursley, DD*
Obispo de Fort Wayne-South Bend
Febrero 2, 1976

Segunda Edición, Septiembre, 1976

*Número de Catálogo
de la Biblioteca del Congreso: 76-1379*

ISBN: 0-87973-504-X

*Ilustración de la portada
por Erico Ensjaime*

*Editado, impreso
y encuadernado en los E.U. por
OUR SUNDAY VISITOR, Inc.
Noll Plaza,
Huntington, Indiana 46750
504*

Indice

PARTE PRIMERA
CATECISMO

INTRODUCCIÓN

El Departamento Pastoral de "Our Sunday Visitor, Inc." presenta al Pueblo Hispano el "Catecismo del Pueblo," elaborado, pensado y escrito con la colaboración del pueblo, como lo probaremos más adelante.

Para entender los esfuerzos realizados por todos los que han participado en la elaboración de este "Catecismo," creemos necesario recorrer en términos generales el desarrollo de la catequesis en los últimos tiempos.

La catequesis — hasta no hace mucho tiempo — ha sido simplemente un acto de transmisión de conocimientos. Tres elementos formaban parte de la catequesis: contenido de verdades religiosas, que es lo que llamamos el Catecismo: una ciencia, llamada teología, que se encargaba de explicar este contenido y, finalmente, un grupo de personas, a quienes se les daba este contenido de verdades, explicadas por los teólogos.

La catequesis, fundamentalmente, se definía como una actividad pedagógica y sus estudiosos se dedicaban gran parte del tiempo a ver el "cómo" traspasar conocimientos. Así, los catequistas desarrollaron diversos métodos, y el más popular de ellos fue el de "narración, explicación y aplicación."

La preocupación de los nuevos catequistas en diversas partes del mundo, les llevó a plantearse nuevamente la función de la catequesis, después de muchos fracasos. Así se ve que lo más importante para ellos no es el "cómo" sino el "qué" En otras palabras, no es el método catequético sino el contenido. Estos esfuerzos dan nueva vitalidad a la enseñanza religiosa. Ya no se habla del sistema sino más bien del mensaje cristiano (kerigma).

La catequesis se vuelve personal y cristocéntrica. Es la persona de Cristo y su mensaje, lo esencial, donde se incorporan el movimiento bíblico y litúrgico, teniendo finalmente una catequesis bíblica y litúrgica. Así surgen los centros de catequesis y pastoral. Este es el momento cuando se produce el divorcio con el librito de religión, o el catecismo y la catequesis comienza a tomar parte en la acción pastoral de la Iglesia. Este es el momento en que el Papa Juan XXIII llama a la Iglesia al "aggiornamento," a la renovación.

Este último período se ve influenciado por las enormes perspectivas que abre el Concilio Vaticano. Segundo: el desarrollo del ecumenismo, el pluralismo, la secularización; la inestabilidad política internacional; las diferencias socio-económicas y las injusticias entre los ricos y los pobres; las confrontaciones internacionales de los países chicos contra los grandes; los conflictos armados en varios puntos del globo; la inmigración de masas de un país a otro, etc, factores todos que no han dejado de hacer un impacto en la catequesis.

Este hecho nos lleva a ver que la catequesis no es una hija de la Teología, sino más bien acto previo a la Teología. La catequesis deja de ser una acción descendente. Por el contrario, se transforma en ascendente. La catequesis, o el desarrollo de la fe, es un proceso continuo en la vida y aquélla se halla, desde sus inicios, presente en este proceso.

Este desarrollo de la actividad catequística nos ha llevado a ver la necesidad de cambios y reformas, y así lo ha querido orientar la Iglesia al publicar su Directorio General de Catequesis, como hoy lo está haciendo la Conferencia de Obispos con el Directorio Nacional de Catequesis.

Cuando comenzamos este trabajo hace un año atrás, consultamos a muchos sectores que trabajaban en la catequesis y todos llegamos al consenso de que no podemos caer en los mismos errores anteriores de la catequesis. Así vimos la necesidad de preocuparnos más del contenido que de la forma y que el mensaje cristiano sea claro y vivencial, y que la catequesis se transforme en ascendente a partir de la reflexión de los problemas humanos para llegar a lo trascendente y presentar el mensaje liberador. También vimos la necesidad de superar el lenguaje religioso, que resulta anticuado para el hombre de hoy, que en la vida ordinaria usa una terminología llana y abierta para comunicarse. Este ha sido uno de los esfuerzos de nuestro equipo.

La pregunta fundamental que se nos ha planteado ha sido: ¿Cómo hablar de Dios, de la religión, de la Iglesia en un mundo de cambio y secularizado? Más todavía, cuando hoy el hombre o la mujer ya no se contentan con la respuesta, dada por sus antepasados, piden razones y fundamentos. Así hemos querido abrir el diálogo en un lenguaje moderno.

La contribución fundamental que hemos querido realizar con la publicación de esta sencilla obra, no es simplemente la novedad de decir algo nuevo, o las mismas cosas en distinta forma, sino claramente volver al punto central de la catequesis: CRISTO. Si pensamos en el testimonio que nos presentan los primeros cristianos, encontramos que hay un nombre al cual hacen todos referencia: JESUCRISTO. Así lo entendieron los primeros seguidores del Evangelio, que se llamaron cristianos de Cristo.

Así como la catequesis apostólica es eminentemente cristocéntrica, así quiere serlo la nuestra, esto no significa vaciedad de contenido. Hoy es muy claro para nosotros que al hablar de la Iglesia, de los Sacramentos, de la salvación de las injusticias o la liberación del hombre, Jesucristo debe ser el punto de partida y llegada de estas situaciones.

Queremos dejar constancia que esta obra está dedicada especialmente a las masas de cristianos, bautizados pero no evangelizados, con el propósito de que puedan vivir y desarrollar su fe en un nivel primario, básico, elemental si se quiere — pero profundo y vivencial — susceptible de ser avanzado en otras etapas.

Finalmente, podemos decir que nuestro esfuerzo por entregar un catecismo al pueblo, es el hecho de que queremos compartir la experiencia de Jesús con nuestros hermanos, a partir de la honestidad y sinceridad expresada en el lenguaje y los temas que hemos seleccionado para reflexionar como cristianos.

Nuestra fe no es un acto aislado individualista: es una acción comunitaria. Estamos convencidos de que "se cree en la Iglesia, a través de la Iglesia y por la Iglesia."

Así como hay diversas expresiones de los

Apóstoles sobre sus relaciones con Jesús, así se nos presentan a nosotros las posibilidades para contar nuestras experiencias en el "ahora" y el "aquí", y así hablar vivencialmente para nuestro pueblo.

Esperamos que el "Catecismo del Pueblo," con el formato que presentamos, sea un valioso instrumento de formación cristiana para las comunidades que ansiosamente buscan explicarse su fe en medio de los problemas que la vida a diario les presenta.

Les recordamos a todos los hermanos en la fe, que tomarán estas páginas, que su encuentro con el "Catecismo del Pueblo," es el inicio de una reflexión madura sobre la fe. Se hace muy necesario que se continúe la formación a través de diálogos y discusiones en las parroquias o comunidades cristianas para que se viva el desafío cristiano: "En esto conocerán que son mis discípulos," dice el Señor.

Nuestros agradecimientos especiales a los hermanos de la Parroquia de San Ignacio en Brooklyn, New York, que constantemente ayudaron en la elaboración del "Catecismo," al Padre Santiago O'Farrell, quien diera horas a la reflexión y al diálogo y al Instituto Catequístico, "Fray Ramón Pane," de Santo Domingo.

Mario J. Paredes

PARTE PRIMERA
CATECISMO
CAPITULO I
La Familia Cristiana

La familia cristiana, naciendo del matrimonio, que es imagen y participación de la alianza de amor entre Cristo y su Iglesia, debe hacer patente a todos, la presencia viva del Salvador en el mundo y la genuina naturaleza de la Iglesia por el amor, unidad y fidelidad de los esposos y la cooperación amorosa de todos los miembros (Vaticano Segundo, "Gaudium et Spes", 48).

"Donde hay caridad y amor, allí está nuestro Dios" dice un canto. Y podemos afirmar si hay amor que también se encuentra la felicidad a pesar de las dificultades de la vida, como la pobreza, le enfermedad, o cualquier otra adversidad.

Para tener un hogar feliz, con la presencia de Dios, lo primero es el amor mutuo de los esposos y la entrega total de uno a otro. ¿En qué consiste este amor, esta entrega? Consiste sobre todo, en pensar el uno constantemente en las necesidades del otro, olvidándose de sus propias necesidades y en guardarse fidelidad hasta la muerte. El esposo que quiere realmente a su esposa, reconoce en ella a una compañera, a quien respeta y ayuda, y con quien delibera sobre todos los problemas de la vida y del hogar dejándole a ella las decisiones que le tocan en sus cosas.

La esposa responde a este amor de su esposo, haciendo en primer lugar de la casa un lugar adonde le guste a su esposo regresar después de una jornada de trabajo duro, y procurando que sea una casa limpia y que él encuentre allí comida bien preparada y bien servida, aunque sea pobre. Y procura también recibirle con sus hijos, vestidos limpiamente y con sonrisas de bienvenida como conviene al responsable del hogar.

La vida familiar en nuestro pueblo está centrada en el hogar y tradicionalmente hemos visto a la mujer cumplir las funciones hogareñas. Hoy conviene dejar claramente establecido que la mujer está buscando nuevos roles en la sociedad porque quiere ser parte activa de ella. Por eso hoy se habla de "la liberación de la mujer," de "igualdad de derechos para la mujer." Los hombres adultos hispanos, que han formado matrimonio, o que esperan formarlo en un futuro, deben estar muy abiertos a esta nueva situación histórica.

Ambos esposos deben reconocerlo y, a través del diálogo, buscar el engradecimiento del hogar para beneficio de la familia. Así como la función de la madre, como dueña de casa, es tan válida hoy como ayer, también debemos pensar que la búsqueda de la mujer debe ser reconocida por toda la sociedad.

Los hijos se forman y educan, cuando crecen y viven viendo el amor y la entrega mutua de sus padres: es su primera lección y la más importante de la vida. Si sus padres se tratan con afecto y se hablan con respeto, así lo harán los hijos. Hoy en día los padres de familia se quejan de la falta de respeto de los hijos para con sus padres. Pero ¿se respetan los padres entre sí y tienen también atenciones con sus hijos? ¿Les mandan con un "por favor" y un "muchas gracias"?

Felices los hijos a quienes se les permite conversar con papá y mamá. Felices si esos padres les oyen, les dan buenos consejos y siempre buen ejemplo. Felices si sienten el cariño de sus padres que les corrigen con amor y nunca les castigan con violencia.

Los hijos de una familia son, también, hijos de

Dios. En el hogar cristiano, aprenden a conocer y amar al Padre celestial y a su Hijo, Jesucristo. Eso lo aprende, sobre todo, viendo la reverencia y el respeto con que sus padres hablan de Dios; se aprende, viéndolos rezar e ir a Misa el domingo, en familia con ellos.

A ejemplo de Jesucristo, Hijo de Dios, los hijos obedecen, quieren y respetan a sus padres. Les ayudan, escuchan y siguen sus buenos consejos y les perdonan sus faltas. Quieren, también y ayudan a sus hermanos y respetan y ayudan a los ancianos.

Resumen:
—Lo que hace la felicidad del hogar, es el amor mutuo de los esposos y la entrega total de uno a otro, imitando el amor y entrega de Jesucristo a la Iglesia.

—En el hogar cristiano, los padres quieren y tratan con dignidad a sus hijos, y los hijos quieren, respetan y obedecen a sus padres.

Para tu vida:
—Si tú eres padre, madre, hijo o hija, quiere y sirve a todos los miembros de la familia.

Reflexiona Leyendo: 1 Corintios: 13.

Canto: Canto de Caridad

ANEXO
La Familia Hispana Inmigrante en E.U.A. Continental

Los inmigrantes — esposos y esposas — que viajan desde Puerto Rico o desde algunos de los países Latinoamericanos para instalarse en los Estados Unidos en busca de un porvenir mejor, deben estar conscientes de los problemas que los aguardan.

Para los no-puertorriqueños el problema se hace casi insoluble por las restricciones del Departamento de Inmigraciones de E.U.A., que otorga en raros casos la Visa de Residencia permanente.

La vida en E.U.A. para los inmigrantes, y especialmente para los padres y madres de familia, se convierte en una pesadilla. Vivir siempre con la angustia de ser deportado por no tener los papeles en regla se hace insoportable. No se consigue trabajo sin la tarjeta de Social Security, que ya no se consigue. Si alguien es contratado por patrones que toman a la gente sin papeles, corre el peligro de ser chantajeado, recibe salarios de miseria, es denunciado a la

Inmigración por cualquier disgusto, y carece de toda protección legal en casos de accidentes o enfermedad.

Para las madres se hace especialmente difícil. En caso de maternidad, los hospitales no admiten a las madres sin documentos en regla. Los gastos de hospital son tremendamente elevados.

Antes había ciertos resquicios legales. Muchos inmigrantes acudían a abogados, que por grandes sumas de dinero y a veces mediante matrimonios fraguados, lograban obtener los papeles. Pero esta situación ya ha terminado.

El Choque con el Nuevo Ambiente que Sufre una Familia Hispana en E.U.A.

El hispano, esposo o esposa, debe pensar en su familia al venir a este país, y reflexionar sobre su vida de familia, aunque tenga buen trabajo y los papeles en regla.

La gente cambia mucho aquí. Parece como que la amistad desaparece. Ya no hay confianza, aun entre viejos amigos. Entre familiares y parientes, y aun entre esposos las cosas cambian.

Ganar dinero se hace la obsesión. Parece que una enfermedad se mete dentro de uno: el dinero fácil, pagado cada semana. Pero así como el dinero entra fácil, se gasta más rápidamente aún. Es imposible mantenerse sin comprar los artículos que fascinan y tientan: el carro, tocadiscos, televisor de colores, tostadoras, lavarropas, relojes electrónicos y mil objetos más.

El reverso también es duro y a veces angustiante: aquél que por enfermedad, o por no tener papeles, o por la separación de los cónyuges, o por ser dejado "laid off" se pudre solo en su necesidad.

El marido hispano se encuentra perdido, pues hasta la manera de tratarse con su esposa cambia: el hombre en E.U.A. no desempeña el mismo papel que en nuestros países latinoamericanos. Al menor abuso del hombre, la mujer lo abandona, pues consigue trabajo fácilmente y mejor pago o puede conseguir "Asistencia Pública" por razón de los niños. Nuestros hombres latinos con demasiada facilidad ven en la mujer a la "sirvienta" o a la "criadora de hijos", como si fuera un mueble de la casa. El marido debe darse cuenta que su mujer es su "compañera", con igual autoridad y derecho. Los problemas se solucionan con el diálogo y la razón. Los gritos y los golpes conducen al fracaso.

La educación de los hijos:

Uno de los problemas más importantes que debe solucionar si puede, una familia hispana en este país, es el de la educación de los hijos.

Una de las mejores soluciones es la escuela parroquial Católica, pues normalmente asegura una educación más efectiva, y una atención de los niños más responsable en cuanto a orden, disciplina, drogas, tareas escolares, etc.

Pero la escuela Católica también tiene sus problemas y obstáculos. Los aranceles y costos extras se hacen prohibitivos. Se han cerrado además en gran número. Están al alcance de algunos privilegiados. El grueso de la población escolar hispana no tiene más remedio que acudir a la pública.

Actualmente se ha establecido en muchos estados la educación bilingüe. Muchos padres hispanos se ofuscan y creen que la educación bilingüe es mala, y desean que sus niños aprendan Inglés a toda costa.

La educación bilingüe es esencial para que el niño hispano no se destruya como persona. El "Castellano", o "Español" es la lengua materna del niño con la que éste prepara su inteligencia fundamental para la vida, desde que tiene un año hasta los cinco. Los padres hispanos deben enseñar a sus niños a leer y escribir correctamente el español.

Es un grave error dejar que los niños aprendan sólo inglés. Los papás deben darse cuenta que les hacen perder un tiempo precioso a sus niños, y que les hacen perder los cimientos de su vida futura adulta. Las

desventajas de aprender sólo inglés se ven más tarde: cuando los muchachos y las "hembritas" llegan a "teen-agers", se sienten alejados de sus padres, hasta los desprecian, no escuchan sus consejos, escapan del hogar, o abandonan los estudios. Y aunque parezca mentira, esto se debe a que sólo aprendieron Inglés.

Los padres deben darse cuenta, además, que los mejores trabajos actualmente, son los llamados "bilingües": en negocios, bancos, factorías, escuelas, hospitales, trabajadores civiles de la ciudad o del estado, etc. etc.

Prioridades para una familia hispana en E.U.A.

1. El dinero no es todo. Si ambos, padre y madre trabajan, ponen en peligro la atención debida a la felicidad del hogar, del diálogo entre esposos, la atención de los niños. El marido que está todo el día fuera del hogar tendrá que gastar todo el dinero más tarde y perderá en la mayoría de los casos a su esposa.

2. Toda familia debe superar la barrera del Inglés. Aquí los adultos estudian continuamente. Hay cursos especiales en Castellano para conseguir los certificados de primaria y secundaria, o para aprender oficios. Es necesario pensar en el futuro. Los padres deben iniciar a sus hijos en el gusto por la lectura de libros y materiales educativos en Castellano e Inglés. Para lograr esto se pueden conseguir materiales recreativos. La televisión debe ser controlada.

3. Los esposos latinos deben dialogar entre sí y con

sus hijos. Es necesario aprender a escuchar sin recriminar. Los niños y jóvenes tienen una educación muy distinta a la nuestra.

4. Los esposos hispanos deben unirse a grupos latinos que se desarrollan en Parroquias y grupos religiosos. Es la mejor manera de adaptarse al nuevo ambiente, sin perder la manera de ser propiamente latinos.

Resumen:
Para la familia que emigra a Estados Unidos, la vida es muy difícil por la cultura y el idioma diferentes. Hay que aprender las dos lenguas para sobrevivir. Hay que hacer que les enseñen las dos lenguas a los hijos: el Castellano para mantener religión y cultura y el Inglés, para poder trabajar.

Para tu vida: Aprende a escuchar, sin hacer recriminaciones.
Recuerda que la vida es más complicada en tierra extraña.

Reflexiona leyendo: Exodo: Caps. 1, 2, 3

Canto: Caminando Juntos.

CAPITULO II
El Plan de Dios

Si alguien nos preguntara: ¿en qué creen Ustedes los Católicos?, muchos contestaríamos de muy variadas maneras, por ejemplo: en la Misa, en el Rosario, en casarse por la Iglesia, en los Santos, en el Papa de Roma.

Todas estas respuestas son hasta cierto punto verdaderas, pero no dan en el blanco justo. La Iglesia que proclama la Palabra de Dios que se halla en las Sagradas Escrituras, concentra todas sus enseñanzas en un **solo Mensaje**, el del Evangelio de Nuestro Señor Jesucristo, que es el Misterio Pascual de su **Muerte en Cruz y su Resurrección de entre los muertos al tercer día.**

Este es el Hecho de salvación, por el que Dios nos ha **revelado** su propio misterio maravilloso, y al mismo tiempo lo ha **realizado** de una vez para siempre Dios Padre; lo comenzó a manifestar mostrando su amor ya desde la creación de la tierra, los cielos, las plantas y seres vivientes y todo el universo, a cuyo

frente puso al hombre y a la mujer, hechos a su imagen y semejanza, a quienes les dio "poder" para dominar la tierra y para que continuaran su obra creadora.

El hombre y la mujer los hizo Dios, "familia" —

padre y madre — para mostrar que son imagen de Dios comunitariamente, en sociedad, participando de todos los bienes de la tierra solidariamente, ellos y sus descendientes.

Adán y Eva fallaron: se rehusaron a amar y a ser solidarios. Es un gran Misterio, el misterio del Mal. Se rompió el diálogo con Dios y, de señores, el hombre y la mujer se hicieron esclavos uno del otro. Con Caín y Abel comenzó el fratricidio, el asesinato, el odio, la guerra. El pecado es como una fuerza de gravedad hacia la muerte. Hasta la misma naturaleza sufre esta opresión, pues su belleza y su gloria ya no podían elevarse a Dios en alabanza; como un río, cuyas aguas nunca llegan al mar, el pecado del hombre cierra toda salida. El pecado del hombre, de ningún modo, podía empañar el maravilloso plan de Dios. Dios Padre, desde el comienzo mismo, comenzó a preparar a Jesucristo, el vencedor del pecado y de la muerte y el liberador, eso significa redentor, de todas las esclavitudes.

Dios Padre prometió un Redentor, y luego eligió a hombres a quienes les confirió una etapa de su plan. Abraham fue el amigo de Dios. Con Moisés, Dios se preparó un Pueblo, de donde saldría la llegada del Reino de Dios y su maravillosa salvación, el Evangelio de Jesucristo.

Jesús nació de la Virgen María en Belén en la "plenitud de los tiempos." Ni el mismo demonio se enteró que el Niño del Pesebre de la Navidad era el mismísimo Hijo de Dios, la segunda persona de la Santísima Trinidad, que con el Dios Padre nos dio todo lo que tenía preparado en su amor.

Al mismo tiempo, Jesús, al ser hijo de María, nacido de mujer, es uno de la raza de Adán que por amor no vacila en hacerse esclavo, como uno de nosotros. Jesús es realmente y completamente hombre, que quiere vivir pobre y correr la suerte y el destino triste de todos los hijos de Adán.

Jesús nos enseña a orar a Dios Nuestro Padre y que, como hermanos, debemos tener la solidaridad de los pobres que comparten todo sin egoísmo, que debemos ser como niños y perdonarnos setenta veces siete. Todo esto lo enseña a los 12 Apóstoles, especialmente a Pedro.

Así como el viejo Adán se negó a amar y a ser solidario al pié del árbol del Paraíso, Jesús, el nuevo Adán, da su cuerpo, su sangre y su vida por nosotros. La enfermedad y la opresión de todo hombre, desde el comienzo del mundo hasta que termine el Universo, la toma Jesús como propia en su cuerpo y alma. Con su muerte nos da la vida de su sangre derramada. Jesús, que siempre nos amó, nos ama hasta el final.

Allí se quiebra el eslabón de la cadena opresora. En su cadáver sepultado en la cueva, cavada en la roca, la muerte de todo el Universo y de toda la raza humana, terminan su dominio esclavizador.

Al tercer día, Dios Padre, le envía el aliento (Espíritu) a Jesús de Nazaret, el Espíritu Santo. Jesús resucita a una vida completamente nueva. Su cuerpo y su sangre y toda su santa humanidad, recibida de la Virgen María, al nacer, son creados como por primera vez. Su resurrección no es como la Lázaro, que volvió a morir otra vez. Jesús ya no muere más. Es el primer nacido entre los muertos. Y en él y en su cuerpo y humanidad santa, está llamada a resucitar toda la raza humana y toda la creación.

Esto lo proclama la Iglesia, la comunidad de los doce que comieron y bebieron con Jesús, y que ahora en Pentecostés reciben el mismo Espíritu Santo por la Palabra y la Humanidad, resucitada, del Señor.

El Misterio de la gloria de la Iglesia, que vive del Señor y del Espíritu, está oculto, como estuviera el de Jesús de Nazaret en su vida mortal. Es un Pueblo peregrino que vive, en solidaridad y unión, el amor del Señor y de la Trinidad. Muestra su gloria todavía oculta, en su pobreza, en el servicio fraterno, en la humildad, perdonando y proclamando con alegría, y alabanza y acción de gracias el gran misterio de la Salvación, y el anuncio gozoso del Evangelio. Mientras marcha por los tiempos, se arrepiente de sus pecados, y comparte en solidaridad todas las cosas humanas, al servicio de toda persona humana y denunciando con voz liberadora toda opresión, esperando entre persecuciones, la venida del Señor al final de los tiempos, cuando juzgara a los vivos y a los muertos, y entregue todas las cosas al Padre, un cielo nuevo y una tierra nueva, para que Dios sea todo en todos, y todo prorrumpa en Alabanza y Acción de Gracias a la Gloria de Dios, y a toda su bondad, pues la Gloria de Dios es el hombre viviente.

Resumen:
Date cuenta que el Plan de Salvación está en en el Credo y que lo único cambiado es el orden **salvífico**. Te darás cuenta así que el Credo es CRISTOCENTRICO:

Al Padre
y el comienzo
del mundo

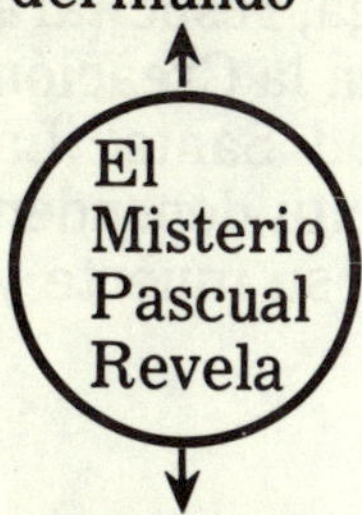

Revela al
Espíritu Santo,
La Iglesia y
Sacramento y el
Fin del Mundo
(Parusía)

* Solamente **porque Cristo** nos reveló al Padre y se reveló a sí mismo como Hijo en su muerte y Resurrección, sabemos que Dios Creador es nuestro Padre, y nosotros sus hijos, cuando nos dio el Espíritu en nuestro Bautismo.

* El centro del Credo son los hechos salvíficos de Jesús, hijo de Adán, miembro de la raza humana. En la plenitud de los tiempos, nació de la Virgen María, murió bajo Poncio Pilato, fue crucificado, muerto y sepultado, y al tercer día resucitó entre los muertos.

Ha de llegar al final de los tiempos.

*Mientras tanto, el Señor ha enviado su Espíritu a la Iglesia que es la continuadora en el tiempo de su humanidad. Al final, cuando el Señor venga, resucitará toda carne y vendrá la vida eterna de toda la Creación y de toda la humanidad en la Trinidad Santa. La revelación de la Trinidad, Padre y Espíritu dependen de la revelación de Jesús, como Hijo, en su muerte y resurreción.

Para tu vida:

Date cuenta que cada vez que haces la señal de la CRUZ, proclamas el Evangelio de la Salvación, y esperas la venida de Jesús.

Date cuenta que por tu Bautismo conmoriste y conresucitaste con Cristo. Deja al viejo Adán, y vive como Templo santo del Espíritu, la vida de Jesús, el Señor. Así serás Hijo del Padre.

Date cuenta que en cada Misa, proclamas el Misterio Pascual: el Señor glorioso se une a la Asamblea en la que tú estás, y con tu Mediador, alabas al Padre y anuncias la segunda venida de Jesús y la marcha de toda la humanidad y la raza humana hacia el cielo y tierra nueva.

Reflexiona leyendo: Juan: Caps. 1, 1-18

Canto: Gracias, Señor

CAPITULO III
El Misterio del Plan de Dios

Ahora que hemos visto que en Jesucristo y en el Misterio Pascual de su muerte y Resurrección, se nos revela el punto central del Plan de Dios, veamos cómo comenzó este Plan de Dios, leyendo su Palabra en la Sagrada Escritura.

La Biblia comienza a explicar el comienzo del Plan de Dios en la Creación. El mundo y el Universo fueron creados para Cristo y en vistas a su Cuerpo resucitado. El comienzo se narra para mostrar cómo será el final. (Leamos el Génesis, capítulos 1o y 2o.)

Debemos aclarar que a la Biblia no la interesa explicar el comienzo del mundo científicamente. Los sabios de hoy con la ciencia atómica, la arqueología y otras ciencias muy importantes, explican el origen del mundo por la evolución.

La Biblia, en cambio, quería enseñar una verdad religiosa a pueblos que vivían a orillas de anchísimos ríos donde ocurrían inundaciones cada año, en las que

era imposible sembrar. Pero al bajar las aguas, todas las plantas y animales crecían en gran abundancia. Otros pueblos vivían en desiertos terribles, calcinados por el sol, sin frutales ni sembrados, donde todos los animales se morían de sed. Al llegar los viajeros a un Oasis u ojo de agua, el desierto se convierte en un jardín frondoso y lleno de sombra.

El origen del Universo y de la Vida, es tan misterio entonces como hoy, pues ningún sér puede comenzar del vacío de la nada. Esta es la verdad religiosa que la Biblia quiere transmitir. Dios, por su iniciativa, libre y llena de amor, hizo todas las cosas. Todas las cosas del Universo son buenas, porque Dios las hizo para la Vida. El hombre es el sér más noble de la Creación y por su inteligencia y voluntad es semejante a Dios, y por el sexo, el hombre y la mujer tienen la dignidad única de ser personas y de continuar la obra **creadora** de Dios en sus hijos. Por ello, el hombre y la mujer son personas **sociales** a través de la familia, el diálogo, el respeto, la solidaridad y el compartir en el amor, todas las cosas.

El hombre descubre en todas las cosas el amor de Dios, y también en sí mismo su dignidad de imagen de Dios, como el Hijo es semejanza de su Padre. Todo es dado por Dios como un regalo. Lleno de alabanza y de acción de gracias, el hombre encuentra su misión en proseguir la obra creadora de Dios, perfeccionándose él mismo, y transformando el mundo por su trabajo para el bien de la comunidad y de toda la raza humana.

(1) Por eso, la Iglesia presenta dos versiones de la Creación: Una acuática (Génesis, 1) y otra desértica (Génesis, 2, 3). En las dos se da la misma enseñanza sobre Dios y el mundo.

La bondad de Dios se muestra, además, en que solamente hizo el comienzo, pero le dejó el futuro al hombre, para que la pareja humana se desarrollara en el tiempo. El sér humano necesita crecer, proyectar, planear, cambiar el mundo en que vive para mejorarlo. Así es verdaderamente dueño de su destino por medio de la libertad. Transformándose y haciendo cosas nuevas, el hombre se siente vivir, al poder realizar sus sueños.

La brujería y la superstición

Todas las cosas que hizo Dios son buenas, pues tienen esa marca de Dios que las hizo para la vida y para el servicio del hombre. Nada puede ser en sí, malo. Hasta las fieras y los animales dañinos, sirven para algo, y no deñan al hombre, si éste respeta el misterio de las cosas.

De allí el profundo error y engaño de la brujería y de la superstición. En las "Botánicas" se venden yerbas: el anamón, el pasote, la pica-pica para ahuyentar los espíritus malignos, azotando las paredes de la casa. O se aconseja cómo echar los espíritus en la gran copa de agua. O se invocan "las siete potencias de Dios," como si Dios pudiera ser forzado y obligado por una creatura, mecánicamente. Se prenden velas al revés, se recoge agua bendita de siete Iglesias para beber, o rociar las habitaciones. Un Buda panzón o un indio son honrados con candelas. La gente toma baños de yerbas: la salvia, la altamiza, la yerba-buena, la yerba-luisa, alcanfor y el agua florida . . . Incienso, jarabes, orines, misturas apestosas . . .

El que se dedica a la brujería, al espiritismo, al ocultismo y a los horóscopos, el que acude a los "readers y advisers", a las curanderas, está negando a Dios Creador, y que Dios ha hecho todas las cosas buenas y santas.

Los que creen en estas cosas, creen en "poderes"

y en espíritus, y que las creaturas que Dios ha hecho para el hombre y la mujer por amor, porque son su imagen y semejanza, son malignas y causan daño.

La Santa Biblia condena las adivinaciones, la consulta de los muertos a los horóscopos y agoreros. El que cree en espíritus y hace brujerías, o se deja atemorizar por los poderes, pierde la imagen de Dios que posee, y se va transformando él mismo en copia de los demonios que adora.

Resumen:
El plan de Dios fue crear el Mundo y el Universo para Cristo, para su cuerpo resucitado. Al ser semejante a Dios, el hombre y la mujer son sociales al compartir las cosas por amor. Todo es bueno en la naturaleza, de allí que la superstición no se justifica.

Para tu vida:
No gastes dinero tontamente en gentes que creen adivinar el futuro.

Reflexiona leyendo: Deuteronomio: 18, 10-12

Levítico: 19, 31

Isaías: 47, 11-15, 44, 9-20

Canto: Te Den Gracias

ANEXO
Los Derechos de la Persona

La hermosa doctrina sobre el "Hombre imagen de Dios" debe ser motivo de reflexión en la práctica y en la experiencia de la vida de un hispano en E.U.A.

La mentalidad utilitaria de la sociedad de consumo, reduce al hombre a una cifra numérica. Por la fuerza de la necesidad económica, sólo se fija en el individuo como "productor", y no como PERSONA HUMANA.

La Iglesia ha enunciado el criterio de la Persona humana en el plano individual, por la que el hombre o la mujer, el niño desde el vientre de su madre, hasta el anciano que ya no puede trabajar, tienen un valor inviolable que ningún gobierno ni sistema político puede violar.

Estos derechos de la persona humana son:
1. El derecho a la vida, (negado en el caso del aborto), a la integridad corporal y a los medios necesarios para desenvolverse: comida, ropa,

habitación, atención médica y demás servicios
sociales.

2. Todo ser humano tiene derecho a ser respetado
en su persona, (sin que importe cual sea su educación
o su capacidad económica), a su reputación, a la
libertad de buscar la verdad y de expresar sus
opiniones. Tiene el derecho al cultivo del arte, y a ser
informado correctamente en asuntos públicos.

3. Toda persona tiene el derecho a seguir en lo
religioso la guía de su conciencia, y por lo tanto el
derecho de profesar, pública y privadamente, su
religión.

4. Todo ser humano tiene el derecho a crear una
familia en la que el hombre y la mujer tienen iguales
derechos, y a elegir el estado de vida que libremente
decida.

Los padres tienen el derecho primario sobre el
cuidado y educación de sus hijos.

5. Toda persona o ser humano tiene el derecho a
trabajar y a condiciones justas de trabajo, (especiales
resguardos para la mujer y los niños). Ello incluye el
derecho a un justo salario, que le permita una vida
digna a la familia.

6. Toda persona tiene derecho a tener bienes
propios, teniendo en cuenta que este derecho no el
ilimitado sino que puede ser regulado y canalizado
para el bien común, especialmente en el campo de la
empresa y de bienes financieros, y del capital.

7. Toda persona humana tiene del derecho a reunirse y asociarse, especialmente en las llamadas "sociedades intermedias": gremios, cooperativas, y otras que están dirigidas a obtener bienes sociales, culturales, artísticos, etc.

8. Toda persona humana tiene el derecho a viajar libremente e instalarse en el territorio nacional, y por justas causas, tiene el derecho de emigrar y adquirir la residencia en otro país. Toda persona es miembro de la familiar humana y ciudadano del mundo y de la comunidad humana internacional.

9. Ello incluye el derecho a tomar parte en asuntos públicos y a la participación en las organizaciones y actividades políticas.

10. También incluye el derecho de toda persona a la protección jurídica de sus derechos, impartida por instituciones jurídicas eficaces, imparciales e inspiradas por criterios correctos de justicia, que impidan ataques o amenazas arbitrarios. (Encíclica "Paz en la Tierra", Juan XXIII).

En E.U. el inmigrante hispano tendrá que luchar por estos derechos fundamentales:

Es un hecho la discriminación racial. En un largo proceso histórico, no se le ha dado al NEGRO americano una oportunidad real de superar la lacra inicial de la esclavitud, como grupo social plenamente aceptado.

Los adelantos legislativos, no han logrado quebrar los prejuicios, ni romper el círculo de hierro de la pobreza, la educación deficiente y la falta de oportunidades reales de orden político, social y económico.

Muchos hispanos y diversos inmigrantes del Caribe, están sujetos a una discriminación proporcional bajo la categoría de gentes de color.

Los hispanos como muchos otros inmigrantes sufren además las injusticias de las leyes de Inmigración.

—el fenómeno de la inmigración de países pobres a países ricos, está provocado por las injusticias del comercio internacional de las que habla Pablo VI. (Ver Encíclica "Progreso de los Pueblos".)

—El criterio básico de las leyes inmigratorias ha sido hasta ahora el de la demanda de mano de obra barata, que sigue las alternativas del mercado de las finanzas.

La reglamentación jurídica y administrativa de las leyes inmigratorias no siguen criterios del Derecho de Gentes Internacional: mientras se admiten a artistas o profesionales, o se basan en oscuros motivos políticos de la "detente" E.U. — Rusia, — o se admiten a los inmigrantes de países nórdicos, se declaran indeseables a los hispanos, provenientes de países oprimidos por la dictadura militar.

El hispano inmigrante en E.U. que proviene, en su mayoría, de ambientes rurales o de países no industrializados, adquiere de repente un nivel de vida superior al de sus países de origen. Pero sus hijos comienzan en el escalón o peldaño más bajo de la escala. Aunque no lo quiera admitir, los hijos de los hispanos comienzan a vivir en el "Ghetto", de la marginación, de la pobreza, en las grandes ciudades.

En el contexto actual, los hispanos deben unirse y organizarse como grupo étnico característico, para mantener su identidad y lograr el hacerse reconocer legal y socialmente.

Resumen:
Se dice que el "hombre ha sido hecho a la imagen de Dios," pero en Estados Unidos algunos hombres — las minorías, con frecuencia, padece rigores de la discriminación que viola los derechos del nombre universal. Por ello, conviene que los latinos nos unamos para exigir lo nuestro.

Para tu vida:
Trata a los demás, como quieras que te traten a tí mismo y donde veas la injusticia, combátela con la ayuda de la verdad y la ley.

Reflexiona leyendo: Isaías: 58, 1-12

Canto: No lo conocéis

CAPITULO IV
El Pecado Original

La Palabra de Dios en las Sagradas Escrituras, nos narra la respuesta del hombre al amor de Dios, mostrado en la Creación. Podemos leer el libro de Génesis en el Capítulo III.

Tenemos que recalcar una vez más, que el escritor sagrado quiere enseñar una verdad catequética a su pueblo, que en ese momento estaba atravesando el destierro y la desolación de su tierra. Y todo ello por la soberbia de los reyes y los grandes, quienes fascinados por la riqueza y el lujo, y embriagados por el abuso del poder arrogante, habían conducido el país a la desgracia.

La serpiente representa al demonio, un ser angélico rebelde, y creatura de Dios, que puede tentar al hombre. Está simbolizado por una serpiente, pues antiguamente este reptil era representado en imagen y adorado en un culto idolátrico a la vida, junto con el árbol de la vida, que representaba la fuerza y el éxito, la riqueza y la grandeza de los países.

Ya hemos visto cómo el hombre fue creado por amor, como "imagen de Dios" y Señor del universo, dueño de hacerse su destino y de transformar al mundo. La riqueza, el lujo y la vanidad, pero más que nada el poder, embriagan al hombre como un licor fuerte. Esta es la tentación. El hombre se fascina y se engaña: se olvida de Dios y del prójimo.

Este fue el pecado original, por el cual Adán y Eva pecaron. Libremente pudieron haber respondido a Dios con amor. Por su libre voluntad, justamente por esa libertad que los hacía tan nobles y capaces de amar, se negaron a amar a Dios.

La Palabra de Dios no tiene la intención de que pensemos que Dios fue injusto al permitir que tanto mal cayera al mundo por la estupidez de la primera pareja. Cada uno de nosotros en su propia vida es Adán o Eva. Cada uno puede decir: Yo, aquí, en esta vida que estoy viviendo, siento mi debilidad ante la tentación y peco y niego a Dios y al prójimo.

La Palabra de Dios quiere enseñar, además, cómo el pecado es individual, pero al mismo tiempo, es social. Nadie puede decir que su pecado es puramente individual. Entre los seres humanos existe una misteriosa solidaridad, de tal modo que se puede hablar de un pecado colectivo.

Por el pecado original hasta los animales, las plantas y los seres de la creación, sufren su consecuencia. Hay una misteriosa conexión entre el pecado y el dolor, la enfermedad, y la injusticia social.

La Palabra de Dios en la Sagrada Escritura, muestra este "contagio" social del pecado original. De los hijos de Adán y Eva, Caín asesina a Abel su hermano, hasta que toda la humanidad finalmente se divide en pueblos y razas que hacen guerra entre ellas. La raza humana se destruye a sí misma.

Dios decidió, sin embargo, formarse un Pueblo del que saldría María, y su hijo Jesús, en el que revelaría toda su bondad, y realizaría su salvación a partir de él, como nuevo Adán, en un Cielo y tierra nueva, habitados por un Pueblo nuevo.

Este plan Dios lo comenzó con Abraham.

Resumen:

Todos nosotros por ser libres, sentimos la fascinación de la tentación. En todo pecado nos rehusamos a amar a Dios y al projimo. Todo pecado es social aunque no parezca, porque todos somos solidarios.

Para tu vida:

Vigila: evita aquellas cosas que te hacen caer en pecado: la bebida, ciertas compañías y amistades, la búsqueda del placer.

Date cuenta de la maldad de tus pecados, y del daño que haces, y de la maldad que hay en Tí. Rompe con lo malo y conviértete al bien.

Vence tu orgullo y egoísmo, siendo siempre servicial y respetuoso de tu prójimo. Sé siempre justo y generoso.

Ora, para no caer en la tentación.

Reflexiona leyendo: Génesis: Cap. III

Canto: Cristo Está Conmigo

CAPITULO V
El Diálogo de Dios con Abraham. La Fe de Abraham.

Hemos visto el pecado de Adán y Eva. Los once primeros capítulos del Génesis, desarrollan las tremendas consecuencias que afectan a toda la familia humana socialmente. Hasta la misma creación quedó sujeta a la corrupción.

Pudiera parecer que el hombre — una criatura — puede arruinar el plan de Dios. Dios estaría obligado a depender de sus criaturas. Lo único que restaba por hacer, tendrían siempre, inexorablemente, el aspecto de un remiendo, un parche, una reparación.

Y sin embargo no fue así. El pecado en lugar de ser un obstáculo, iba a abrir el camino al completo compromiso del amor de Dios hacia el hombre. Dios nunca se arrepiente de sus promesas. La Iglesia en el canto de la noche de Pascua, exclama exultando: "Oh, feliz culpa, qué necesario fue el pecado de Adán, que nos dispensó a tan gran Redentor!"

Dios en este compromiso total de su amor con el

hombre, que es pecador, adopta un estilo completamento nuevo. Antes hablaba por las cosas creadas: el Paraíso y el Arco Iris en el caso de Noé. Ahora en cambio va a intervenir directamente, por medios de HECHOS DE SALVACION en DIALOGO con la misma historia de los hombres, dislocada ya por el pecado.

En el Capítulo doce y siguientes del Génesis, leemos en la Palabra de Dios, la historia del ENCUENTRO de Dios con Abraham. Notemos los siguientes elementos en la narración:

*Dios toma la iniciativa y se dirige a la realidad de la vida de Abraham, y, por una pura decisión, libre y gratuita de su voluntad, sin que Abraham estuviera preparado para ello y sin que fuera mejor o peor que otros miles de hombres, escucha asombrado la Palabra de Dios, en forma de Promesa:

*La Promesa, en todos los idiomas, pertenece al lenguaje del amor y la amistad. Y es una Promesa grandiosa al estilo de Dios y de su personalidad:

"Sal de tu tierra, y vete a la tierra que to te mostraré. Haré de tí una nación grande y te bendeciré. Engrandeceré tu nombre que servirá de bendición . . . en tí se bendecirán todos los linajes de la tierra" . . . (leer el texto completo en la Biblia). Génesis 12, 1-3.

*Abraham se siente interpelado por Dios de "Tú-a-Tú". Dios le habla como persona, y Abraham se siente él mismo considerado como persona. Abraham "escucha" la Promesa que se dirige a su realidad personal, pues el dolor de su vida es la esterilidad suya y la de Sara, y ambos son además pastores — arameos errantes — sin tierra donde echar raíces.

*Abraham debe elegir y percibe el RIESGO que entraña la opción. Ambos son estériles: ¿cómo será posible tener hijos? Además, dejar la casa de los padres, es dejar y abandonar la seguridad y protección de la familia, para cambiarla por los peligros de una tierra extraña y hostil, entre gente extranjera.

*Abraham pudo tanto rechazar como aceptar la Promesa que Dios le hacía. Fue libre. Dios no lo forzaba. Abraham pudo rechazar la Promesa, y en su rechazo hubiera rechazado a Dios personalmente. Todo hubiera quedado en la nada.

*Abraham sin embargo percibió dos cualidades personales de Dios, que se traslucían en la Promesa:

Dios es fiel. Su amor y amistad son seguros, firmes, no fallan. Dios cuando promete algo, es verdadero y cabal, jamás se arrepiente de lo que ha prometido, y jamás se echa atrás. Su amor es sólido como la roca, no cede ni cambia, aguanta la tensión y la crisis, protege y es apoyo en el peligro y la desgracia.

Dios entrega su amistad con calor del corazón y es solidario. Dios tiene "entraña", se conmueve y presta su atención e interés afectuosamente.

Dios tiene "misericordia", muestra su "favor" y su solícito cuidado por la viuda y el huérfano, a El llegan el clamor de los que sufren la injusticia y de los oprimidos.

El Génesis en 12, 4, deja constancia de la decisión de Abraham, en sus consecuencias externas: **"Marchó, pues, Abraham, como se lo había dicho Dios"**. Pero en 15, 1-6, el Génesis explica la actitud de ánimo y el drama interno de Abraham, sus temores, a los que se dirige Dios, confortándolo, y mostrándole las estrellas del cielo: **"así será tu descendencia"**.

El punto más importante después de la iniciativa de Dios es la respuesta de Abraham, en este DIALOGO, en que Dios toma la iniciativa e interviene con HECHOS DE SALVACION dirigidos a un INTERLOCUTOR, el hombre: **"Y CREYO (Abraham) en Dios, quien consideró esta respuesta como un sello de la amistad"** (así se traduciría aquí, "justicia").

En Abraham vemos cómo la FE con que se CREE, es la respuesta por la que el hombre acepta el Diálogo con Dios. Dios toma la iniciativa y anuncia con su Palabra HECHOS DE SALVACION, que intervienen cambiando la realidad de la vida del hombre. El hombre a su vez, responde, CAMBIANDO SU VIDA y los cambios que Dios produce en ella, con una total entrega y confianza en la fidelidad y amor de Dios.

Este diálogo de Dios y Abraham, se da en el tiempo, o sea en el pasar de la vida que se va haciendo. No son ya dos vidas separadas, dos caminos: es un solo camino, una sola vida que se dirige a su fin, el cumplimiento de la Promesa, y la realización del regalo, prometido por Dios.

Por eso con la Fe, comienza una VOCACION, que va caminando con esperanza y paciencia ante los obstáculos y las demoras, que al final reciben el premio de la amistad completa.

Después de muchas aventuras, cuando Abraham tenía 100 años y Sara su esposa era ya muy anciana, nació Isaac, "el hijo de la Promesa" o "el hijo de la sonrisa y de la alegría".

En la respuesta de la Fe de Abraham, comenzó la larga historia de siglos, guiada por Dios como un Plan de Salvación. Muchos otros hombres y mujeres respondieron como Abraham a Dios, creyendo en sus hechos de salvación, que dirigían la historia, para salvar a toda la raza humana y toda la Creación.

El cumplimiento final del Hecho **definitivo** de Salvación, fue aceptado por el SI de la Fe de la Virgen María. Toda la Humanidad fue bendecida en Jesús, el nuevo Isaac. Todo cristiano que cree en Jesucristo, y en su Muerte y Resurrección, es un hijo de Abraham por la Fe.

Dios se dirige en DIALOGO a los hombres. Toma la iniciativa, y PROMETE HECHOS de SALVACION, que cambian la realidad de vida de los hombres.

El hombre responde en diálogo con la FE, creyendo con total confianza en la persona de Dios, en su amor y fidelidad, aceptando los cambios y los HECHOS DE SALVACION.

La FE es libre, y es una entrega personal a Dios.

DEFINITIVO: quiere decir, el que lleva toda la fuerza. Todos los demás son sólo preparación. Si el hecho definitivo no pasa, no pasa nada. Si, en cambio ocurre, todo está hecho.

Para tu vida:
Al escuchar la Santa Misa, creemos como Abraham:
*Escuchamos su Palabra y su Promesa en las lecturas.
*Respondemos con la Fe con el Credo.
*Dios Padre realiza su Promesa, al hacerse

presente el Señor resucitado entre nosotros, que nos hace a todos UNO con El.

*Con El esperamos ser todos Isaac en un CIELO nuevo y TIERRA nueva, con toda la Humanidad cuando venga al final de los tiempos.

Los novios al casarse, son como Abraham y Sara, que al decirse SI, confían amarse tanto a pesar de las dificultades que puedan surgir, como Jesucristo amó a su Iglesia — o el marido — , o como la Iglesia ama a Cristo — la esposa —.

Al recibir cada Sacramento somos como Abraham y Sara:

—Escuchamos la Promesa del Evangelio en la predicación de la Palabra de la Iglesia, que es Palabra de Dios.

—Decimos que SI, con la Fe al hecho de salvación significado en el Sacramento: el agua de la regeneración, el perdón, etc.

—Dios realiza por medio de Cristo en la Iglesia, el Misterio Pascual de la muerte y Resurrección de Jesucristo, (como cuando a Abraham le nació Isaac), y nos da el don prometido, al recibir el Sacramento.

Reflexiona leyendo: Modelos de la Fe en el Plan de Dios: Hebreos: 11, 1-40.

Canto: Canción del Testigo

CAPITULO VI
Dios Libera al Pueblo Oprimido y lo Saca de Egipto. Moisés.

La Palabra de Dios en la Escritura Santa, narra el DIALOGO que Dios siguió con Isaac, de quien nació Jacob. Este a su vez tuvo doce hijos, que fueron los padres de las doce tribus. Jacob era llamado también Israel, y por eso todo el pueblo fue llamado más tarde Israel.

El Pueblo que había estado en Egipto durante una gran hambruna, permaneció allí largo tiempo, hasta que vino un Faraón déspota. Como necesitaba mano de obra barata, esclavizó a los hijos de Jacob que se habían multiplicado. Eran inmigrantes, extranjeros y no tenían ciudadanía.

Dios oyó el clamor que subía al cielo, por la injusticia del Faraón, y suscitó a Moisés para que fuera su mediador con el Pueblo. Moisés era Profeta, porque hablaba en nombre de Dios. Con grandes maravillas, Moisés unió al Pueblo y les dió Fe en Yahve, pues tenían tanto miedo por estar oprimidos, que no se animaban a luchar por su libertad, ni por sus derechos.

Mientras tanto el Faraón, orgulloso de su poder y de sus ejércitos y del lujo de sus palacios, como todo opresor, se resistía a dar libertad a los oprimidos. Finalmente, Dios le mostró al Faraón, cuán grande era su injusticia, y cuán grande era su amor y fidelidad por su Pueblo, descendiente de Abraham.

Mandó a Moisés que se celebrase la comida del Cordero Pascual. Cada familia debía procurarse un cordero, y prepararlo para que toda la familia lo comiese. Con su sangre, cada familia Israelita, debía marcar la puerta de su casa. Debían comerlo con yerbas amargas de tristeza por la opresión, y de pie, listos para salir en cualquier momento.

Esa noche, mientras comían la Pascua, que quiere decir el paso del Señor, Dios mandó a su ángel vengador: éste pasaba de largo por las puertas marcadas con la sangre del cordero, pero entraba en las casas de los opresores.

Tal fue el temor y el pánico de los opresores y del mismísimo Faraón, que hasta pagaron al pueblo para que se fuera y partiera. El Pueblo partió, guiado por Dios mismo, que caminaba delante mostrándoles el camino, en forma de pilar de fuego.

El Mar Rojo les cerraba el paso. El Pueblo por el miedo perdió la Fe en Dios. Pero no así Moisés. El sabía que cuando mayor es el peligro, Dios es más fiel y seguro que nunca. Dios abrió un camino seco por el Mar: el Pueblo pasó sin peligro al otro lado. En cambio las aguas se cerraron sobre el ejército del Faraón, sobre sus carros y soldados de batalla.

Fue así como sacó Dios a su Pueblo de la esclavitud de Egipto y liberándolo del poder del Faraón opresor. El Pueblo se alegró inmensamente, y entonces tuvo Fe en Dios, y celebró con Acción de Gracias y Alabanzas a Dios, su liberación, proclamando la salvación gloriosa y las grandes maravillas de Dios.

Dios entonces hizo un pacto con su pueblo o una Alianza: en el Pacto, Dios se comprometía, para siempre, a portarse para con su pueblo de la misma manera como lo había demostrado en Egipto, con gran amor y fidelidad, protegiéndolo de sus enemigos, defendiéndolo de los opresores. Dios hacía al pueblo su propiedad, e iba ser Dios para él. Sería un pueblo elegido de Dios, un pueblo santo, de profetas y reyes.

Por su parte el pueblo prometía fidelidad de amor y servicio a Dios, adorando a Dios como único Dios, amándolo y cumpliendo su voluntad, teniendo Fe en El, y dándole gracias por sus maravillas.

Para indicar que eran un pueblo santo y elegido de Dios, se comprometían a cumplir los Mandamientos o voluntad de Dios. Ya no eran más un pueblo cualquiera, que podía ser oprimido y esclavizado por los poderosos. Israel es el Pueblo que Dios se hizo para sí, liberándolo por amor.

Moisés era el gran Profeta y Mediador. Dios por medio de él hablaba al Pueblo, y Dios hablaba con Moisés cara a cara. Luego Moisés después de comunicar al Pueblo las Palabras de Yahvé, subía de nuevo a hablar con Dios para traer la respuesta del Pueblo. Seguía así pues del DIALOGO comenzado con Abraham.

Jesús sería más tarde el nuevo Moisés. El reunió a los doce Apóstoles como los cabezas del nuevo Pueblo que nacería de su Apostolado. Jesús en la última cena, celebró la comida del Cordero Pascual: iba a ser él mismo, el Cordero de Dios que daba su vida voluntariamente en la cruz su cuerpo y su sangre, el pan y el vino de la Cena del Señor. El pasó al Mar Rojo de la muerte liberándonos del Demonio y de la esclavitud del pecado y de toda opresión humana que nace del pecado. Todos conmorimos y somos consepultados con él, en su muerte.

Dios Padre no podía permitir que la mismísima

segunda persona de la Santísima Trinidad, nacido de laVirgen María, y hecho hombre, uno de nuestra raza humana, viera la corrupción y la muerte.

Dios Padre envió al mismo Espíritu Santo, quien resucitó a Jesucristo, dando a su humanidad, toda la Gloria que le pertenece por ser Hijo de Dios. La salida del viejo Pueblo de Dios desde Egipto, anunciaba así la liberación de toda la Humanidad por medio del nuevo Moisés — Jesucristo — en una nueva Pascua, la de su muerte y Resurrección.

Resumen:

La opresión del pueblo en Egipto es una figura de todas las opresiones. Hay un **pecado original social.** Los sistemas político-económicos y sus estructuras son opresores.

La liberación de Egipto es figura de la liberación maravillosa de Jesucristo. La Redención o liberación realizada por Cristo, implica la liberación de toda la persona humana integra, individual y social. "En la Historia de la Salvación, la obra divina es **una acción de liberación integral y de promoción del hombre en toda su dimensión**" (Medellín: "Promoción humana," II, 4).

La búsqueda cristiana de la justicia es una exigencia de la enseñanza bíblica (Medellín: Prom. Hum. II, 5).

"El amor a Cristo y a nuestros hermanos será no sólo la gran fuerza liberadora de la injusticia y de la opresión, sino la inspiradora de la justicia social entendida como concepción de vida. (Medellín: II, 5)

Para tu vida:

Debemos pronunciarnos ante la injusticia de hoy, ya que es contraria al plan y voluntad de Dios.

Moisés es un ideal de líder social: enseñó la solidaridad a los oprimidos y su valor sostuvo a todo el pueblo acobardado por la opresión de los grandes.

La sociedad de consumo favorece y premia una promoción individualista, basada en el egoísmo. Dios, por el contrario, y Moisés, salvan a **todos** como pueblo.

Las mal llamadas "caridades" de los ricos a los pobres, son como los ajos y cebollas de Egipto: pretenden que los oprimidos se contenten con el mínimo de subsistencia, sin remover las causas de la injusticia.

Reflexiona leyendo: Respecto a los pobres. Epístola de Santiago: 2, 1-13.

Canto: Juntos, Como Hermanos

CAPITULO VII
LOS PROFETAS, ENVIADOS DE DIOS

"El Espíritu del Señor Yavé está sobre mí, Yavé me ha elegido. Me ha enviado para anunciar buenas noticias a los humildes, para sanar a los corazones heridos, para anunciar a los desterrados su liberación y a los presos su vuelta a la luz." (Isaías, 61, 1).

Estas son las palabras del gran profeta, Isaías. Fue llamado por Dios y él respondió: Entonces pudo ver claro las cosas como eran. Isaías, como todos los profetas, dedicó su tiempo completo a hablar de parte de Dios, o sea, a hablar la verdad. Los profetas al hablar de parte de Dios, tuvieron que hablar frecuentemente contra las injusticias hechas a los pobres y humildes. También, de esta manera, preparaban la venida del Salvador prometido que nacería de la descendencia del rey David. Los profetas hablaren en contra de las personas que se mostraban hipócritamente religiosas, o sea, que cumplían los actos religiosos de "dientes para afuera".

Dios confió a los profetas la misión de enseñar al pueblo y de guiarlo en el camino hacia El. Los profetas enseñaban que la verdadera religión consistía en amar y servir a Dios, arrepentirse de la mala vida, cambiar los malos deseos del corazón y buscar el bien de otros, especialmente de los pobres y oprimidos. Los profetas fueron perseguidos de muchas maneras, hasta fueron asesinados por hombres injustos a hipócritas. Pero ellos preferían morir antes que vivir callados en una sociedad tan mala.

Los grandes profetas, después de David y antes de Cristo, fueron: Isaías, Jeremías, Ezequiel, Daniel, Amós y otros. Todos ellos, inspirados por Dios, escribieron libros que son parte de la Biblia, en el Antiguo Testamento.

El último de los grandes profetas, antes de Cristo, fue Juan Bautista. Predicaba, también, un cambio de vida, y condenó a los fariseos por su hipocresía. A la gente que se arrepentía de sus pecados y hacía promesa seria de cambiar de vida, Juan los bautizaba en el río Jordán con agua, en señal de que la persona se había arrepentido. Con esa predicación y ese bautismo, Juan preparó el camino para el Redentor de todos los hombres, Jesucristo, que iba a enseñarnos que la religión verdadera es amar a Dios y a los demás hermanos.

Resumen:
—Los profetas del Antiguo Testamento eran hombres de Dios que lucharon y predicaron la verdad, para el bien de los demás.
— Todo verdadero cristiano es llamado por Dios

para ser profeta, según su capacidad.

Para tu vida:

— Podemos ver que las injusticias que existían en tiempo de Isaías existen hoy; los encarcelados sufren, los pobres se hacen más pobres, y los ricos más ricos. El cristiano no puede caer en la trampa de callar ante eso, ni puede contribuir de ningún modo a que eso suceda en la sociedad. ¿Por qué? Porque el cristiano es consciente de que todos somos hermanos de una misma familia o pueblo de Dios.

Reflexiona leyendo: Isaías: 10, 1-4

Canto: Anunciaremos Tu Reino

CAPITULO VIII
María, Madre de Dios

Ningún ser humano antes de nacer, puede escoger a su mamá. Solamente Dios pudo escoger la suya. Sin embargo todos los hombres quieren con todo el corazón a su madre. La palabra "madre" hace vibrar las fibras más profundas del corazón hispano y se manifiesta en nuestras canciones y poesías. Por eso mismo sentimos enraizada en nuestra Fe la devoción a María, la Virgen Madre de Dios, — de Jesucristo, Dios y hombre verdadero.

La Virgen María, desde el comienzo de nuestra independencia, ha sido madre de los humildes, de las masas populares sencillas, que en alegres procesiones y festivas celebraciones, ensalzan a su Patrona con fuegos artificiales, fiestas, cantos, danzas, músicas, romerías, rosarios de la aurora, novenas, marchas y peregrinaciones.

Hay un misterio en este conmovedor espectáculo de la Fe sencilla e inquebrantable de nuestro pueblo hispano. El rostro de la Virgen María, Madre de Dios, contempla junto a Jesucristo, los semblantes y los ojos de miles de habitantes de nuestra América, sufriente y oprimida, y como en Belén y Nazareth, comparte la suerte de la gente, pobre entre los pobres, y acompaña a la esperanzada ascensión de nuestro destino hacia la liberación.

Las advocaciones se multiplican: nuestra Señora del Carmen, del Rosario, de Monserrate, la de Guadalupe, del Tránsito, de la Candelaria, de la Merced,

La Sagrada Escritura — la Palabra de Dios, que nos comunica su Misterio y el designio de Salvación, nos revela cómo introdujo a la sencilla muchacha de Nazareth en el Misterio Pascual.

El Misterio de la Anunciación:

La iniciativa del DIALOGO — como dijimos de Abraham — parte de Dios. Envía a su ángel o emisario celeste, quien saluda a María: "Dios te salve — alégrate — María — llena de gracia, el Señor es contigo". El saludo del ángel es un Evangelio, una buena noticia, una Promesa como la de Abraham.

Ella se conturbó y discurría qué significaría aquel saludo. El ángel le dijo: "No temas, María, porque has hallado gracia delante de Dios. Vas a concebir en el seno y vas a dar a luz un hijo a quien pondrás por nombre Jesús. El será grande y será llamado Hijo del Altísimo" . . . María respondio al ángel: "Cómo será esto puesto que no conozco varón?". El ángel le respondió: "El Espíritu Santo vendrá sobre tí y el

VIRGINIA BRODERICK

poder del Altísimo te cubrirá con su sombra; por eso el que ha de nacer será santo y será llamado Hijo de Dios. Mira, también tu pariente ha concebido un hijo en su vejez, y este es ya el sexto mes de aquella que llamaban estéril, porque ninguna cosa es imposible para Dios''.—

La dignidad y nobleza de María, su actitud personal, consciente de su libertad, su madurez serena y digna, son admirables en este pasaje del Evangelio de Lucas. Como Abraham en otro tiempo, María escucha la Promesa, y considera libremente el llamado o vocación de parte de Dios.

Su respuesta libre es la Fe en la fidelidad y amor de Dios que interviene en la realidad de su vida, cambiando su vida tan profundamente. La maternidad, por obra del poder de Dios, es el hecho de salvación que afecta su vida y al mismo tiempo la dirige al futuro, hacia su Hijo y a su misión salvadora en beneficio de todo el pueblo.

''He aquí la esclava del Señor. Hágase en mí, según tu Palabra''. María acepta con un SI a Dios, la vocación a que Dios la llama. Es la misma FE que tuvo Abraham, y el cumplimiento de las Promesas que Abraham creyó, cuando contemplaba las estrellas del cielo y habitaba junto a la encina de Mambre, pisando ya tierra santa.

Algunos insensatos hacen terminar aquí el papel de la Virgen María, Madre de Dios. Después del nacimiento de Jesús, María habría engendrado otros hijos. Toman un texto aislado y lo cortan como con una tijera. Se olvidan que en las Escrituras, los hombres y mujeres que son introducidos en el Plan de Dios por una Vocación, la realizan hasta que se cumpla.

Esto es lo que nos reafirma la Palabra de Dios: María queda comprometida permanentemente al plan de Dios como Virgen Madre de Jesús: por su vocación ya no se pertenece a sí misma, sino al Misterio Pascual de su Hijo.

"Medita estas cosas en su corazón mientras el niño crece, y se fortalece llenándose de sabiduría" en Nazareth, asiste a la inauguración de su ministerio en las Bodas de Caná, y sobre todo está al pie de la cruz en el Calvario. Finalmente está con los doce y los 120 hermanos cuando la Iglesia recibe al Espíritu Santo.

En María, Jesús mostró a la humanidad la grandeza de la misión y responsabilidad de la mujer, como esposa y como madre. Todo hogar cristiano debe imitar la unión de José y María, viviendo juntos su vocación a participar en el Misterio Pascual en la vida de familia y en el hogar, a no ser que haya recibido de Dios un llamado especial.

Resumen:
María es Virgen y Madre de Dios, — de Jesucristo Dios y hombre verdadero.

María respondió en DIALOGO a Dios, que le anunció, como una Promesa, su Evangelio de que sería Madre de Jesús, con la FE.

María se comprometió durante toda su vida a su VOCACION de madre de Jesucristo, siguiendo el

DESIGNIO de Dios, que es el Misterio Pascual.

Para Tu Vida:

Los hispanos tenemos una Fe y devoción en La Virgen María, Madre de Dios, a quien VENERAMOS como Madre de Dios y por tanto también responsable de toda la humanidad a quien Cristo vino a salvar.

Reflexiona Leyendo:

Lee los primeros capítulos del Evangelio de Lucas, quien muestra especialmente cómo la Virgen María fue introducida al Misterio Pascual, durante toda su vida.

Lee especialmente el canto de los pobres cantado por la Virgen, que da gracias por haber sido elegida para participar en la liberación de los humildes, y los pobres. — (Lucas 1, 46-56).—

Canto: Santa María del Camino

Principales advocaciones y títulos con que los hispanos honramos a Nuestra Madre en la América Latina:
ARGENTINA: Nuestra Señora de Luján (Patrona de Buenos Aires)
BOLIVIA: Nuestra Señora de Copacabana (Lago Titicaca)
COLOMBIA: Nuestra Señora de Chiquinquirá (Boyacá)
COSTA RICA: Nuestra Señora de Los Angeles (ant. capital Cartago)

CUBA: Nuestra Señora de la Caridad del Cobre (prov. El Cobre)

CHILE: Nuestra Señora del Carmen (Santiago)

REPUBLICA DOMINICANA: Nuestra Señora de la Altagracia (Higuey)

ECUADOR: Nuestra Señora del Rosario de Agua Santa (Ambato)

HAITI: Nuestra Señora del Perpetuo Socorro (Port-Au-Prince)

HONDURAS: Nuestra Señora de Zuyapa (afueras de Tegucigalpa)

MEXICO: Nuestra Señora de Guadalupe (cap. México)

PARAGUAY: Nuestra Señora de Monserrate (Camuy)

EL SALVADOR: Nuestra Señora del Tránsito (Asunción)

URUGUAY: Nuestra Señora de los Treinta y Tres Orientales (Montevideo)

VENEZUELA: Nuestra Señora de la Merced (Caracas)

PUERTO RICO: La Virgen de la Providencia (San Juan).

CAPITULO IX
La Navidad

En María se realizaron las palabras de Isabel: "Bienaventurada tú, que has creído que se cumplirían las cosas que le fueron dichas de parte del Señor." Leamos en el Evangelio de Lucas, el nacimiento de Jesús: 2, 1-20.

"Por aquellos días salió un edicto de César Augusto, ordenando que se empadronase todo el mundo. Este primer empadronamiento tuvo lugar, siendo gobernador de Siria, Cirino. Iban todos a empadronarse, cada uno a su ciudad. Subió también José desde Galilea de la ciudad de Nazareth, a Judea, a la ciudad de David, que se llama Belén, por ser el de la casa y familia de David, para empadronarse con María, su esposa, que estaba encinta. Y sucedió que mientras ellos estaban allí, se les cumplieron los días del alumbramiento y dio a luz a su hijo primogénito, lo envolvió en pañales y lo acostó en un pesebre,

porque no había sitio para ellos en la posada.

Había en la región unos pastores que dormían a la intemperie y vigilaban por turno durante la noche su rebaño. Se les presentó el ángel del Señor, y la gloria del Señor los envolvió en su luz; y se llenaron de temor. El ángel les dijo: "No teman pues les anuncio una gran alegría, que lo será para todo el pueblo. Les ha nacido hoy en la ciudad de David, un salvador que es el Cristo Señor; y esto les servirá de señal: encontrarán un niño envuelto en pañales y acostado en un pesebre" — y de pronto se juntó con el ángel una multitud del ejército celestial que alababa a Dios diciendo:

Cuando los ángeles, dejándoles, se fueron al cielo, los pastores se decían unos a otros: — "Vayamos, pues, hasta Belén, y veamos lo que ha sucedido y el Señor nos ha manifestado". — Y fueron todos rápido y encontraron a María y a José y al niño acostado en el pesebre. Al verlo dieron a conocer lo que les habían dicho acerca de aquel niño y todos los que lo oyeron, se maravillaban de lo que los pastores les decían. María, por su parte, guardaba todas estas cosas, y las meditaba en su corazón. Los pastores se volvieron glorificando y alabando a Dios, por todo lo que habian oido y visto, conforme a lo que se les había dicho."

El Plan de Dios comenzado en la Creación del

Universo y del hombre y la mujer y que el pecado no pudo detener, se manifestó en el amor completo y total de su compromiso con la raza humana.

La misma persona segunda de la Trinidad, — el Hijo — nació de María Virgen, Jesús, verdadero Dios y verdadero Hombre, uno de la raza humana, para compartir en todo el mismo destino de la humanidad, menos el pecado.

Esta escena que muestra a gente sencilla de pueblo afrontando un acontecimiento tan importante en la familia como es el nacimiento de un hijo, en condiciones dictadas por la burocracia del lejano emperador de Roma, forasteros y sin familia en Belén, abrigándose de la fría noche internal en las precarias comodidades de un pesebre, viviendo asombrados el misterio del niño al que cuidan con solícito cuidado y atención . . . es para quedarse pensando con el corazón horas y horas.

Las Navidades de tantos miles de hispanos inmigrantes, o la vida de tantas familias hispanas en los de las grandes ciudades es tan semejante. Jesús nacido pobre con los pobres, con la sencillez de uno del pueblo, zarandeado por la burocracia y la política de los poderosos en lo más elemental de la vida, muestra que la causa de Dios es la liberación de los pobres.

Dios se hizo pobre, no porque Dios apruebe y justifique la injusticia de las causas que producen la pobreza. La Pobreza no es un mal natural. Es producido por sistemas económicos y por las decisiones de personas que blanden inhumanamente los instrumentos políticos y financieros de la sociedad.

Dios se hizo pobre para denunciar la injusticia de la sociedad y de los grupos poderosos que la aumentan o impiden que la pobreza sea desarraigada de la raza humana. Dios se hizo pobre para mostrar que la dignidad del hombre y de la mujer es el valor más precioso en este mundo, y que por lo tanto Dios no hallo cosa más grande que solidarizarse* con los grupos sociales oprimidos, pobres y sin poder.

Los tres reyes Magos, Melchor, Gaspar y Baltasar.

La alegría hispana de la Navidad, está unida a los Tres Reyes Magos, Melchor Gaspar y Baltasar. Pasto para los caballos, agua para los camellos. Toda la Humanidad siente aquello de:

> *"Un pueblo que andaba a oscuras vio una luz intensa.*
> *Sobre los que vivían en tierra de sombras, brilló una luz;*
> *Aumentaste el gozo, hiciste grande la alegría.*
> *Porque un niño nos ha nacido, un Hijo se nos ha dado."*

(Profeta Isaías: 9, 1 y 2 y 5)

*SOLIDARIZARSE: significa que varias personas se hacen un grupo "sólido", compacto, sin quebraduras, tanto para las buenas como para las malas. O nos salvamos todos, o nos perdemos todos. Esto es lo que hace el AMOR cristiano, a ejemplo de Jesús.

En las frías ciudades del norte, barridas por vendavales que comen las carnes y entumecen los

dedos de los piés, el sector comercial bulle con gigantescos árboles de Navidad, Santa Clauses, vidrieras, trineos cargados de juguetes.

En el "barrio" y en los sectores hispanos, con sólo entrar en el edificio, se camina subiendo las escaleras en el ambiente de la música de la plena, la danza, el seis, la salsa. Los cueros y el bongo, el güiro, las maracas y calabazos insinúan la cadencia a la que bailan muchachos trigueños y buenas mozas, niños y mayores.

El 6 de Enero es día de Reyes, día de fiesta y de alegría: pernil, arroz con gandules, lechón asado, pasteles de plátano y yautía, arroz dulce con canela, manjar, "coquito", ron y cerveza y hasta "pitorro" . . . para el frío.

Oro, Incienso y Mirra traen desde lejos los reyes, siguiendo la estrella para ver al Niño Dios:

> *"Llevemos pues turrones y miel*
> *Para ofrecer al Niño, Manuel*
> *Vamos, vamos, vamos a ver*
> *Vamos a ver al recién nacido*
> *Vamos a ver al Niño, Manuel"!*

Pero la fiesta es corta, La alegria se terminó. Anda Herodes de noche buscando a los Inocentes y al niño para matarlo.

> *Un clamor grande se ha oido en Rama;*
> *llanto y lamento grande;*
> *es Raquel que llora a sus hijos*
> *y no se quiere consolar*
> *pues ya no existen."*

Es la madrugada. Fuertes golpes a la puerta. Afuera anda la "migra". En los hospitales hacen abortos pagados por el "Welfare". Sin que lo sepan a las madres les hacen la esterilizacion. En las cárceles hay muchachos que no saben por qué están allí.

El Niño Dios nos enseña que los hispanos debemos unirnos junto con otras minorías para luchar contra esta pared de ignorancia, injusticia, discriminacion, desunión y la desilusión de los que no tienen esperanza: hay que luchar por la escuela bilingüe, por la representación hispana en los hospitales, por la oportunidad en los trabajos, por sistemas que permitan conseguir edificios con rentas asequibles o la compra de casas a largo plazo, por una mayor participación política de líderes hispanos en los asuntos públicos.

Para tu reflexión:

El niño Dios nos ha traido la dignidad: levantemos la cabeza, que se acerca nuestra liberación. (Lucas: 21, 28.)

Los Obispos de E.U. han declarado ante el Presidente que las leyes inmigratorias son básicamente injustas y discriminatorias. Ningún inmigrante sin documentos debe sentirse humillado aunque lo persigan como un criminal. A quienes se les debería caer la cara de vergüenza, es a los legisladores que sancionan leyes injustas.

Jesús se hizo pobre para denunciar la maldad del pecado original y para mostrar qué es lo que piensa Dios de los que no hacen nada para cambiar la situación de la sociedad, o se niegan por egoísmo a que exista solidaridad entre los seres humanos.

La pobreza no es un mal que ocurre por casualidad, o porque debe ser así, como el frío del invierno y el calor del verano: voluntades humanas y grupos sociales egoístas ponen en marcha la maquinaria opresora de los sistemas económicos, y financieros. (**Encíclica Progreso de los Pueblos. Pablo VI**)

Los tres reyes Magos que buscaban al Niño, Manuel, siguiendo la estrella, son un ejemplo para los hispanos que deben unirse y empezar la marcha entre hermanos para que haya justicia y paz en la tierra para todos los hombres.

Para tu vida:
No hay peor Herodes, que el hispano que vende a su hermano, que favorece la esterilización de las mujeres, o que aconsejan el aborto. —

Reflexiona leyendo: Lucas: 2, 1-20, 21, 28
Isaías: 9, 1; 2; 5

Canto: Noche de Paz

CAPITULO X
Cristo y Su Ley de Amor

"Felices los que tienen espíritu de pobre, porque de ellos es el Reino de los cielos. . . . Felices los que tienen hambre y sed de Justicia, porque serán saciados" (Mateo: 5, 3-6).

Dios se hizo hombre como nosotros y vivió entre nosotros más de 30 años sin hacer ninguna declaración de su mensaje. A partir de los 30 años comenzó a enseñar a los hombres su ley de amor. Nadie sabía quién era El.

Las leyes o mandamientos que Moisés recibió de Dios, servían solamente de preparación, hasta que llegara Cristo con leyes más perfectas: es decir, con la nueva ley, que completaba la ley antigua.

Cristo dijo, ''No crean que yo vine a suprimir la ley o los profetas: no vine para suprimirla sino para llevarla a su perfección'' (Mateo: 5, 17).

Pues bien, esa Nueva Ley comienza diciendo así:

"Bienaventurados", "Dichosos", es decir "Felices ustedes" si cumplen estas enseñanzas. La ley de Moisés decía: "No matarás". Pero Cristo añadió: "Cualquiera que se enoje contra su hermano, es culpable" (Mateo: 5, 21-21).

Cristo nos enseña con eso que cualquier ley que no tenga en cuenta el amor para con el otro, es una ley imperfecta y no sirve, porque Cristo nos enseña que todos somos hermanos e hijos del mismo padre. La ley más grande, dijo Cristo, es ésta: "Amarás al Señor tu Dios con todo tu corazón. Amarás a tu prójimo como a tí mismo" (Mateo: 22, 37-39). Estas dos leyes son un resumen de los 10 mandamientos y la base de todo. La noche antes de morir, en conversación íntima con sus apóstoles, Cristo les dió su nuevo mandamiento, que sería la señal del cristiano "que se amen unos a otros como yo los he amado. Sí, ámense unos a otros" (Juan: 13, 34).

Cristo siempre dijo que los que cumplen esa ley entrarán al "reino" de los cielos. Este reino de Dios comienza ya aquí, en la tierra. Los que viven según las enseñanzas de Cristo, entrarán en la nueva vida, donde reina plenamente el amor. Así Cristo nos ha dado una nueva ley para un mundo nuevo.

Resumen:

—Cristo promulgó una nueva ley para un reino nuevo. "Al señor tu Dios amarás con todo tu corazón, con toda tu alma y con toda tu mente". Este es el más importante y el primero de los mandamientos. El Segundo es parecido, y dice: "Amarás a tu prójimo como a tí mismo". Estos dos mandamientos son un

resumen de los 10 mandamientos y la síntesis de toda
la ley de Moisés y de los profetas.

—Cristo pide más al cristiano: "que, como les he
amado, así se amen también ustedes los unos a los
otros" (Juan: 13, 34).

Para tu vida:

—Si toda la gente: gobernantes, comerciantes,
profesores, agricultores, madres, padres e hijos,
vivieran la vida del amor, ¡qué felices y contentos
estaríamos todos!
—Cada uno de nosotros es responsable de hacer
realidad este ideal que Cristo nos ha presentado.

Reflexiona Leyendo: — El Sermón del Monte. (Mateo:
5.)

Canto: Un Mandamiento Nuevo

CAPITULO XI
Cristo Llama a Sus Apóstoles

"Entonces Jesús subió al monte y llamó a los que él quiso, los cuales lo siguieron. Eligió a doce, para que estuvieran con él y para enviarlos a predicar" (Marcos 3, 13-14).

Jesús acababa de predicar su Nueva Ley y su mandamiento de amor a Dios y a los hombres. Por su gran deseo de salvar a todos los hombres, quería establecer su reino de amor en todo el mundo. Entonces llamó a doce de sus discípulos para ser sus primeros apóstoles. La misión de los apóstoles era llevar este mensaje de salvación y de amor a sus hermanos, dirigir a su "nuevo pueblo" en su marcha hacia Dios, y santificarlo, sobre todo, con la administración de los sacramentos.

Los apóstoles se llamaban: Pedro, Andrés, Santiago, Juan, Felipe, Bartolomé, Tomás, Santiago (el hijo de Alfeo), Tadeo, Simón el Cananeo y Judas de Iscariote.

Al llamar a Pedro y a Andrés, que pescaban en el

lago de Galilea, Jesús les dijo: "Síganme, y los haré pescadores de hombres" (Mateo 4, 19). Dejaron sus redes y a su padre, y siguieron a Jesús. Todos los apóstoles, al ser llamados por Jesús, "vinieron a El", y respondieron a su invitación. Se comprometieron a ser fieles hasta soportar persecución, dificultades y la misma muerte.

Jesús sigue llamando a todos los cristianos para predicar su buena nueva. Porque estamos bautizados, nosotros los cristianos tenemos la misión de llevar la Buena Nueva, el mensaje de salvación a nuestros hermanos.

El Papa, vicario de Cristo, sucesor de Pedro, dirige y une al Pueblo de Dios. Los Obispos, unidos al Papa, y los sacerdotes unidos a sus obispos, con la misma misión de Cristo, todos dirigen al pueblo de Dios y lo santifican con la administración de los sacramentos.

Los padres de familia procrean hijos y los educan cristianamente. Todo el que trabaja, ayuda con su trabajo a las necesidades de los demás y les lleva el testimonio de su fe. Las religiosas enseñan, cuidan enfermos, atienden a ancianos y con su modo de vivir, dicen a los hombres lo importante que es amar a Dios sobre todas las cosas. Todos somos llamados a hablar de Dios y a servir a nuestros hermanos.

Cristo envió a sus Apóstoles para que llevaran su mensaje de salvación por todo el mundo. Hoy en día, también, Cristo envía a sus misioneros a los países que tienen pocos sacerdotes y religiosas.

Resumen:

—Cristo llamó a doce Apóstoles para predicar su Nueva Ley de amor por todo el mundo, y para dirigir y santificar al Pueblo de Dios.

—Los Apóstoles respondieron a la llamada de Cristo y se comprometieron a ser fieles.

—Cristo sigue llamando a los cristianos a su ley de amor y a predicar a los demás.

Para tu vida:

—Procura oír también, tú, la voz de Cristo que te llama a predicar su mensaje de amor, para una vida cristiana de servicio a Dios y a los demás.

Reflexiona leyendo: — Mateo: 4, 18-21

Canto: El Peregrino

CAPITULO XII
El Buen Samaritano

"El Señor, Nuestro Dios, es el único Señor. Al Señor, tu Dios amarás con todo tu corazón, con toda tu alma, con toda tu mente y con todas tus fuerzas. Amarás a tu prójimo como a tí mismo" (Marcos 12, 29-32).

Todas nuestras casas están una al lado de la otra, formando poblaciones, secciones, campos y pueblos. Vivimos muy cerca unos de otros. Cuando pasamos por el frente de una de las casas, saludamos, nos detenemos a conversar un poco y hasta entramos a tomar un poco de café. Vivimos como buenos amigos. Si no es así, estamos llamados a vivir como tal.

Jesucristo quiere que los hombres vivan como hermanos. Esta es la gran enseñanza que Jesucristo nos trae. El nos enseñó de una manera muy bonita quién es nuestro prójimo con la historia siguiente:

"Bajaba un hombre de Jerusalén a Jericó, y cayó en manos de bandidos que después de haberlo

COTTON

despojado de todo y haberlo molido a golpes, se fueron, dejándolo medio muerto. Por casualidad, bajaba por ese camino, un sacerdote, quien al verlo, pasó por el otro lado de la carretera y siguió de largo. Lo mismo hizo un levita (hombre religioso y muy importante) al llegar a ese lugar: lo vio, tomó el otro lado del camino y pasó de largo. Pero llegó cerca de él un samaritano que iba de viaje, lo vió y se compadeció. Se le acercó, curó sus heridas con aceite y vino y se las vendó. Después lo puso en el mismo animal que él montaba, lo condujo a un hotel y se encargó de cuidarle" (Lucas: 10, 30-35).

Este hombre nos enseña que el primer paso para ayudar al otro, es acercarnos a él para ver cuáles son sus necesidades. No le importó que el herido fuera un desconocido. Lo que le importó fue que era un hombre y, por tanto, un hermano.

El hispano también, en sus servicios a los demás, no debe preguntarse si el otro es bueno o malo, blanco o negro, hispano o americano. No importa tampoco a qué partido político él pertenece. Todos somos hermanos, hijos del mismo padre, Dios.

Resumen:

—El segundo mandamiento es parecido al primero: "Amarás a tu prójimo como a tí mismo".

—Jesús nos enseña que todos los hombres deben vivir como hermanos.

—Prójimos son todas las personas que nos rodean;

no importa su raza, su partido político, su color o religión.

Para tu vida:

—Cuando amamos y ayudamos a nuestros hermanos, nos parecemos a Jesús.

—No debemos despreciar a nadie por su partido político, su raza, su color o su religión.

Reflexiona Leyendo: — Lucas: 10, 25-37.

—Mateo: 22, 34-40.

—Lucas: 27-38.

Canto: Viva la Gente

CAPITULO XIII
El Hijo Pródigo

"Yo les he amado a ustedes como mi Padre me ama a mí: Permanezcan en mi amor" (Juan 15, 9).

Cristo nos enseñó por medio de su ejemplo y con su predicación lo mucho que Dios ama a los hombres. Cristo fue compasivo con la viuda de Naím (Lucas 7, 11-17); fue humano cuando curaba a los enfermos (Lucas 8, 40-55); fue bondadoso cuando bendecía a los niños (Marcos 10, 13-16); y fue comprensivo cuando perdonaba a los pecadores (Juan 8, 1-12).

Para demostrarnos el gran amor que Dios nos tiene, a pesar de nuestros pecados Cristo contó la historia siguiente:

Había un Señor muy rico que tenía dos hijos: uno de los hijos quiso irse de la casa y exigió a su papá que le diera seguido el dinero qué le correspondía de herencia. El papá le dio mucho dinero. El hijo se fue, y en pocos meses gastó el dinero en parrandas y vagabunderías. Ya no tenía ni ropa, ni trabajo. Se puso al

servicio de un hombre para cuidar puercos de una finca. Entonces él comenzó a pensar en su padre, que era muy bueno, y decidió regresar a su casa para pedir perdón y decirle a su padre que él ya no merecía ser su hijo pero que, por lo menos, lo recibiera en la casa como un trabajador. Cuando su padre vio venir a su hijo desde lejos, corrió hacia él y lo abrazó. Lo besó y lo perdonó. El padre estaba tan contento que preparó una gran fiesta.

Al otro hijo no le gustó que su padre hiciera una fiesta para su hermano, y no quería entrar en la casa. El padre vino y le suplicó que perdonase a su hermano, pero él se negó a perdonarle. Los dos hijos sufrieron mucho, pero no porque su padre los trataba mal sino por los pecados de cada uno; el mayor era muy rencoroso y el menor un vagabundo. Dios es como este padre. Su amor es constante. Dios no cambia. El hombre, cuando peca, es quien busca mal y pierde así la tranquilidad de su conciencia. Dios nunca nos rechaza cuando estamos arrepentidos de los pecados. Nosotros rechazamos a Dios, cuando pecamos.

Cuando mi hermano me ofende y me hace sufrir, Dios sigue amando a mi hermano y me ama a mí, y quiere que yo perdone también. Porque el que ofende a otro, sufre más que aquel que ha sido ofendido. Dios siempre busca al pecador, espera siempre su arrepentimiento y le ofrece constantemente la ayuda que necesita.

Nunca debemos tenerle miedo a Dios cuando hemos pecado, porque El siempre nos busca y nos ofrece el perdón que necesitamos para regresar a El. Al otro, como a nuestra comunidad.

Resumen:

—Cristo manifestó el amor y la bondad de Dios Padre en su vida y en su enseñanza.

—El amor de Dios es constante; El no cambia y no castiga al pecador arrepentido sino que es el hombre quien busca su mal y peca, perdiendo así la tranquilidad de su conciencia.

—Por el pecado, yo me alejo de Dios; Dios nunca se aleja de mí.

Para tu vida:

—Si te alejas de Dios por el pecado, arrepiéntete y regresa pronto, sin miedo, y Dios te recibirá siempre con amor y alegría.

Reflexiona leyendo: —Lucas: 15, 1-32.

Canto: Sí, Me Levantaré

CAPITULO XIV
Cristo Nos Enseña a Rezar

"Señor, enséñanos a orar así como Juan enseñó a sus discípulos" (Lucas 11, 1).

Cristo pasó algunos años predicando su mensaje de amor y perdón. Estaba dedicado continuamente a servir y ayudar a los demás. Sanaba a los enfermos; daba alimentos a los necesitados; consolaba a los tristes. Pero El se alejaba con frecuencia de todo, y se iba solo a rezar. Un día los discípulos cayeron en la cuenta de que la oración le daba a Jesucristo fuerza y felicidad, y le dijeron: "Maestro, enséñanos a orar". Como respuesta, Cristo les enseñó el "Padre Nuestro". Es la oración más perfecta que hay. Con ella alabamos a Dios y le pedimos por las necesidades espirituales y materiales, no solamente de uno mismo sino de todos los demás.

Debemos pensar mucho sobre la palabra "Padre", porque con ella Cristo nos enseña por primera vez a llamarle "Padre" a Dios; un nombre tan íntimo y personal. Y Cristo no solo dijo "Padre", sino también

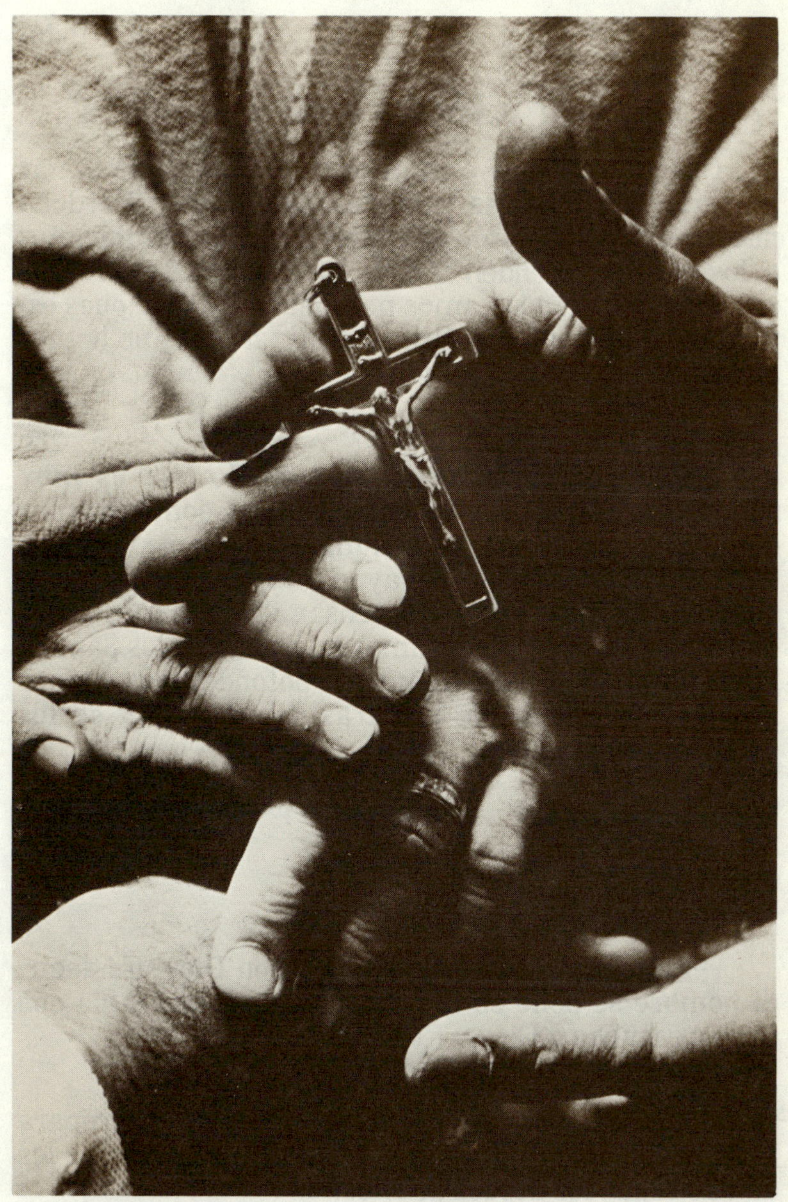

"Padre Nuestro", es decir, "Padre de todos nosotros".

Cuando rezamos esta oración tenemos que tomar en serio, además, las palabras siguientes: "Perdona nuestras ofensas como también nosotros perdonamos a los que nos ofenden". Esta oración no debiéramos rezarla hasta que hayamos perdonado a todos, pues estaríamos diciendo mentiras a Dios, si antes no hemos perdonado al que nos ofendió.

Cristo nos enseñó con su ejemplo que es muy necesario rezar, orar, es decir, hablar y comunicarnos con Dios, para que nos ilumine y ponga nuestra voluntad en condición de ayudar a los demás. Pero cuando rezamos, debemos pensar en lo que estamos diciendo. Si al rezar pensamos en Dios y en los Santos, Dios ilumina nuestra mente y entonces nos damos mucho más cuenta de nuestras debilidades y de los problemas del mundo.

Resumen:

—La oración es comunicación con Dios. Es decir, el hombre se pone en la presencia de Dios, habla con Dios y escucha a Dios.

—La oración verdadera nos ilumina y prepara también para vivir una vida de amor y de servicio a los demás según los deseos de Dios.

Para tu vida:

—Debemos imitar el ejemplo de Cristo que nos enseña a orar. No podemos vivir pensando que amamos a los demás, si no pensamos y amamos a nuestro padre Dios.

—La oración más perfecta es el "Padre Nuestro", que nos enseñó el mismo Jesucristo, el Hijo de Dios.

—Rezar el "Padre Nuestro" diariamente es importante, pero antes tenemos que examinar nuestra conciencia, porque rezar el "Padre Nuestro" conscientemente es una cosa seria.

Reflexiona leyendo: — Mateo: 6, 5-15.

Canto: El Señor es mi Fuerza

CAPITULO XV
La Fe es el encuentro personal con Jesucristo, el Señor

La base y la razón de ser de la vida cristiana, es el encuentro personal con Nuestro Señor Jesucristo, tal como su personalidad, sus palabras y su comportamiento aparecen anunciados por la voz viva de los cuatro Evangelios.

El Plan de Dios, escondido desde los siglos, se me hace presente y real aquí y ahora en mi vida cuando me llega el Evangelio, la Buena noticia de la salvación. El Reino de Dios me llega a través de Jesús de Nazareth, que camina por las villas y ciudades de Galilea, junto al lago, pasando por Samaria y llegando a Jerusalén.

Debo tomar la decisión de leer o escuchar El Evangelio: el de Marcos, Mateo, Lucas y Juan. Con hambre y sed, con esperanza, siguiendo el llamado profundo que surge en el corazón, como el ciego que quería ver la luz del día. Pues el Señor Jesús está vivo. Ha resucitado. Ya no muere más. El es Emmanuel, Dios con nosotros.

Encontrarse con Cristo, es descubrir lo más grande e importante de toda la vida. Descubriendo a Jesús, descubro a Dios mismo, y yo mismo como que me convierto en otra persona. Todos los santos de la Iglesia, todos los mártires y los millones de cristianos que han vivido desde entonces con la Fe en el Señor, se han encontrado con El personalmente, con la realidad de su vida y de su ser hombre.

Juan el hijo del Zebedeo, comunica en su Evangelio, como fue su encuentro con Jesús:
"Al día siguiente, se encontraba de nuevo allí Juan (Bautista) con dos de sus discípulos. Fijándose en Jesús que pasaba, dice: — "He ahí el Cordero de Dios" — . Los dos discípulos le oyeron hablar así y siguieron a Jesús. Jesús se vuelve y al ver que le seguían les dice: — "Qué quieren?" — . Ellos le respondieron: — "Rabbí, (que quiere decir "Maestro"), dónde vives?". Les respondió: — "Vengan y lo verán" — . Fueron, pues, vieron donde vivía y se quedaron con El aquel día. Era más o menos la hora décima.". — Juan 1, 35-39.
Juan expresó su encuentro con Jesús y su Misterio con palabras que muestran en forma inigualable la realidad de Jesus hombre: "El Verbo (es decir Dios mismo, la segunda persona de la Trinidad) se hizo CARNE". "Carne" en la lengua judía de la época en que Juan escribió su Evangelio, significa la vida humana en su condición temporal: comer, dormir, descansar, trabajar, y que se desarrolla trabajosamente cada día con preocupaciones y problemas, como cuando nosotros decimos: "Qué se le va a hacer. Así es la lucha por la vida".

Jesús es uno de nosotros COMPLETAMENTE y todo entero. — Por eso Jesús conocía y comprendía tanto a cada persona y a la gente. Jesus vivía y hablaba la lengua de su pueblo y conocía sus penas y sufrimientos, y tambіén sus alegrías y sus fiestas.

Este encuentro con Jesús, con toda la fuerza de su humanidad, la tuvieron cada uno de los Apóstoles y todos los que creyeron en El. Algunos se quedan admirados ante la escena del Pesebre de Belén en la fría noche de invierno: "Un niño nos ha nacido, un hijo se nos ha dado". Todo el Misterio de Dios encerrado en el niño recién nacido y que comienza un destino humano igual al nuestro.

Para otros, el encuentro con Jesús ocurre al escuchar sus palabras y al ver su figura en el Sermón del Monte: Su voz resonaba, firme y verdadera, con una autoridad tan especial suya: "Bienaventurados los pobres, porque de ellos es el Reino de los Cielos".

La verdad de Jesús es tan entera y al mismo tiempo tan sencilla. Jesús vive lo que dice. El ama a los pobres, y un pobre sabe lo que Jesús está diciendo, porque sabe que Jesus ES pobre antes que diga nada. Pobre significa "sin poder" entre los que tienen poder en este mundo. Para Jesús ser pobre significa ser solidario con el hermano, compartir el pan y la vida. Jesús es oprimido con los oprimidos, menos en el pecado.

Jesús es hermano nuestro, no porque esté conforme con la opresión, sino para enseñarnos a cómo ser libres, y la tremenda dignidad que tenemos por ser imagen de Dios. La primera condición para ser

libres es amar al hermano y estar a su servicio, hasta dar la vida como rescate, como Jesús hizo con nosotros. La segunda manera, que es igual a la primera, es descubrir que Dios es mi Padre y que en Jesús nuestro hermano, todos somos su familia.

Encontrar a Jesús por la Fe y hacerse su amigo y hermano, requiere el cambio de vida, la conversión. Es un cambio entero de vida, de mente, de corazón, de manera de pensar y de sentir. Es un cambio que llega a la coyuntura de los huesos. El amor a Jesucristo le hace ver a uno que lo de antes es una vaina que no sirve, que está podrida.

Toda maldad, toda hipocresía, toda ambición, todo pecado, toda riqueza, toda riña y envidia nacen de no ver a Jesucristo en mi hermano y en mi pueblo. Todo pecado es opresión, porque es usar a otro como cosa y no como a imagen de Dios, como persona salvada por Cristo y amada por Dios Padre.

Los muchísimos encuentros que tuvo Jesús, donde el Misterio de Dios se hace transparente en su humanidad, tuvo lugar en la cruz, cuando daba su vida por todos nosotros en su Pasión y muerte. Nadie ama más, que el que da la vida por sus hermanos. (Juan: 15, 13.) — Así lo comprendió uno de los ladrones que sufrió y murió con Jesuscristo.

Juan, ya muy anciano, escribió:

"Lo que existía desde el Principio
lo que hemos oido
lo que hemos visto con nuestros ojos,
lo que contemplamos
y tocaron nuestras manos
acerca de la Palabra de vida,
— pues la Vida se manifestó,
y nosotros la hemos visto y damos testimonio —
y os anunciamos la Vida eterna
que estaba en el Padre y que se nos manifestó,
lo que hemos visto y oido
os lo anunciamos."

Para tu Vida:

Aumenta tu atención para conocer más a Jesucristo. Lee los santos Evangelios, un poquito cada día al acostarte o durante unos momentos por el día.

Recibe los Sacramentos con Fe, con la mente y el

Corazón puesto en Jesús. Puede ayudarte el contemplar la imagen de Jesucristo crucificado, preguntándote:

   — ¿Qué ha hecho Cristo por mí?
   — ¿Qué he hecho yo por Cristo?
   — ¿Qué haré por Cristo?

Resumen:

La base de mi vida es la Fe en Jesucristo, y el conocimiento de su persona tal como se nos narra en los Evangelios.

El aumento de la vida cristiana, consiste en crecer en el amor a Cristo en toda la vida.

Tengo que tener una amistad personal con Jesús, como Juan, Pedro y los Apostoles, como también todos los cristianos que hicieron de Jesús el centro de su vida.

Seguir a Jesús implica una conversión y cambio de vida.

Reflexiona leyendo: Juan: 15, 13

Canto: En Dios Pongo Mi Esperanza

CAPITULO XVI
¿Por Qué Mataron a Cristo?

"Jesús les preguntó": ¿"Y ustedes, quién dicen que soy yo"? Simón contestó: "Tú eres el Cristo, el Hijo de Dios que vive" (Mateo: 16, 15-16).

A pesar de todo el bien que Jesús había hecho, y de todas sus enseñanzas y obras milagrosas que demostraban poder divino, la gente no había reconocido todavía que El era el Mesías. La gente esperaba un Mesías o Salvador político que reconquistaría la libertad del pueblo, pues los romanos tenían invadido el país. Ellos pensaban que Cristo debía ser un libertador igual que Moisés. Entonces Jesús preguntó a los discípulos quién pensaba la gente y quién pensaban los apóstoles que era El, y Pedro contestó: "Tú eres el Cristo, el Hijo del Dios que vive" (Mateo: 16, 15-16).

Después de esta declaración, Jesús empezó a enseñarles qué clase de Mesías libertador era El. No era un Mesías político, sino un Mesías que debía sufrir, padecer insultos de parte de las autoridades y que aceptaría la muerte como un malhechor, para liberar a los hombres del pecado. El profeta Isaías había dicho, 700 años antes, lo siguiente de Jesús: "Fue llevado cual cordero al matadero" (Isaías: 53, 7). Pero al tercer día el Mesías resucitaría, con lo cual aseguraría nuestra resurrección en El, y nos reconciliaría con el Padre celestial.

Cristo durante toda su vida, siguió hablando la verdad y amando a todos los hombres, aunque sabía que le costaría su vida y que disgustaba a mucha gente. Dijo varias veces que los pecadores, es decir, los que no podían soportar la verdad, lo matarían. Cristo enseñó que El era el Hijo verdadero de Dios. Todas las enseñanzas de Cristo eran comentadas entre la gente. Cuando se enteraron sus enemigos, decidieron matarlo por decir que era el Hijo de Dios.

Efectivamente, unos días más tarde, apresaron a Cristo y lo llevaron a los tribunales para que declarara si era verdad lo que decían de El. El que presidía le preguntó: "Yo te ordeno de parte del verdadero Dios que nos digas si tú eres el Cristo, el Hijo de Dios". Jesús le respondió: "Así es, tal como acabas de decir" (Mateo: 26, 63-64).

Al oír esto de la boca de Jesús, todos dijeron: "Merece la muerte". Planearon su muerte y lo condenaron.

Resumen:

—A Jesús lo mataron porque se declaró Hijo de Dios.

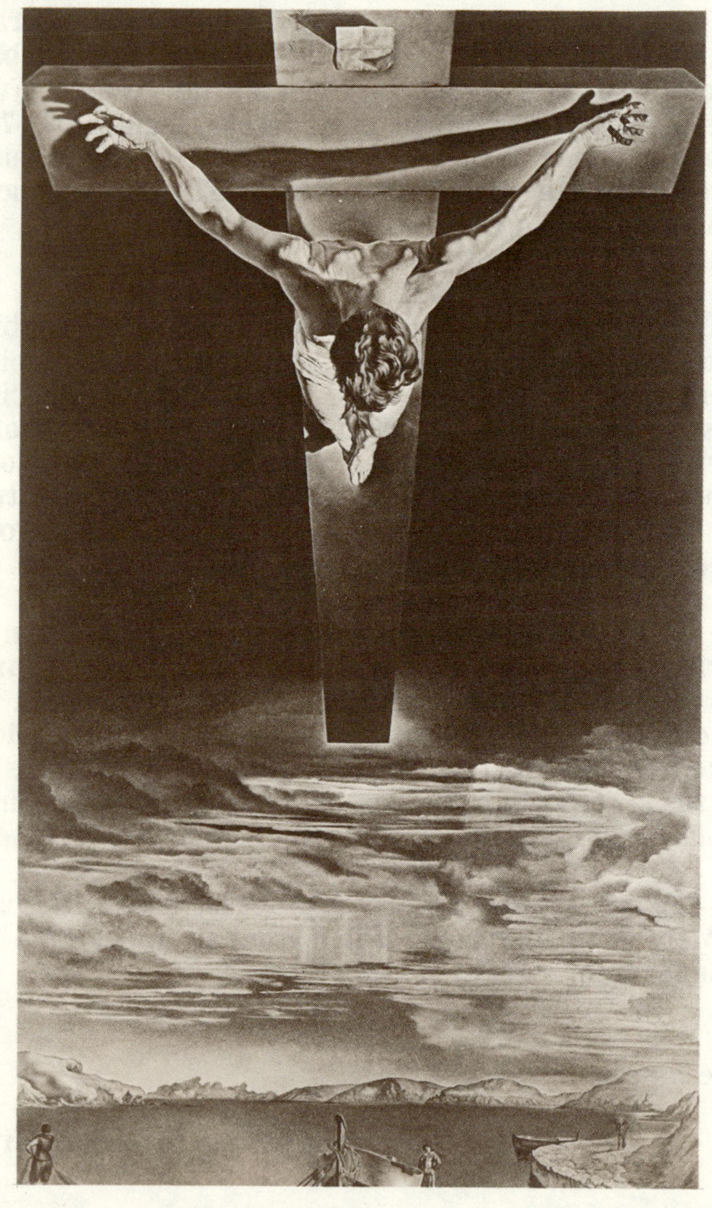

—Jesús es el Mesías, que vino a traernos la salvación.

—No es un libertador político; vino para librarnos del pecado y de toda miseria y esclavitud, que son consecuencias del pecado.

Para tu vida:

—Cristo lo es todo para tí; es tu Salvador.

—Nuestra vida tiene que ser una vida de servicio, de entrega y amor a Dios y a los demás, una vida de buen hijo de Dios, como lo hizo Jesús, el Mesías.

Reflexiona leyendo: — Mateo: 16, 13-23.

—Lucas: 22, 66-71.

—Salmo: 110.

Canto: Vamos cantando al Señor

CAPITULO XVII
Muerte, Resurrección y Ascensión

Es que la muerte vino por un hombre, y por eso también la resurrección de los muertos viene por medio de un hombre" (I Corintios:15, 21).

Cristo nació entre nosotros para hacerse como uno de nosotros, y con su sabiduría divina, nos enseñó su mensaje de amor y verdad. La noche antes de morir, Cristo reunió a sus apóstoles para celebrar la Pascua, es decir, la liberación del Pueblo de Dios de la esclavitud (vea capítulo 6). Cristo, convirtió pan en su Cuerpo y vino en su Sangre, y se lo ofreció como comida y bebida a sus apóstoles. Al día siguiente se ofreció como "Cordero de Dios" en la cruz para liberar del pecado al nuevo Pueblo de Dios, y firmó así la Nueva Alianza con su Sangre derramada.

Cristo, en la Misa, renueva la Ultima Cena, su muerte en la cruz y su Resurrección gloriosa. Nosotros, el nuevo Pueblo de Dios, recibimos en la Comunión al "Cordero de Dios que quita el pecado del mundo". Por eso la Misa es el centro de la vida cristiana.

Cristo aceptó la muerte sin protesta. Sufrió con mucho aguante, porque siendo hombre verdadero sentía también los clavos y el dolor de la muerte.

Unos momentos antes de morir dijo: "todo está terminado". Bajó la cabeza y murió. Ya había cumplido su misión salvadora, ya había amado hasta el fin.

Pero Cristo, el Hijo de Dios, no podía morir para siempre. El tercer día venció a la muerte y al pecado con su RESURRECCION gloriosa y triunfante.

La Resurrección de Jesús prueba que El era verdaderamente el Hijo de Dios. Nosotros, si vivimos conforme al bautismo recibido, somos también hijos de Dios y resucitaremos con El. "Por El quiso reconciliar consigo todo lo que existe" (Colosenses:1, 20).

Después de aparecer a los Apóstoles muchas veces, Cristo subió al Padre, diciendo a los Apóstoles: "Todo poder se me ha dado en el cielo y en la tierra. Por eso, vayan y hagan que todos los pueblos sean mis discípulos. Bautícenlos, en el nombre del Padre, del Hijo y del Espíritu Santo, y enséñenles a cumplir todo lo que yo les he encomendado. Yo estoy con ustedes todos los días hasta que termine este mundo" (Mateo:28, 18-20).

Resumen

—Cristo nos amó hasta la muerte. Murió para darnos la vida.

—Cristo resucitó al tercer día; todos los que creen en El y cumplen su ley de amor, también resucitarán.

Cristo, con su resurrección, le da sentido a nuestra vida.

Para tu vida:

—Si tú mueres a tus deseos egoístas, y vives la Nueva Vida de Cristo, tú estás compartiendo la muerte de Cristo y tú compartirás también la Resurrección.

Reflexiona leyendo: Marcos: Capítulo 15.

Canto: Este Es El Día

CAPITULO XVIII
(La Iglesia Nace) La Comunidad de los Cristianos

"En adelante el Espíritu Santo, el Alentador, que el Padre les enviará en mi nombre, les va a enseñar todas las cosas, y les va a recordar todas mis palabras. Les dejo en paz" (Juan: 14, 26-27).

Cristo habló del "reino de Dios" durante 3 años. Había venido para fundar su Iglesia, una comunidad de amor a Dios y al hermano, que sería también su presencia permanente en este mundo.

Después de su Resurrección, Cristo siguió formando a sus Apóstoles para que ellos llevaran su mensaje de salvación por todo el mundo. Escogió a Pedro para presidir y guiar a la Iglesia, la comunidad de cristianos, nuevo Pueblo de Dios. Cristo pidió a Pedro una sola cosa: "AMOR" (Juan: 21, 15-17). Sin embargo, los apóstoles entendían muy poco las enseñanzas de Cristo y les faltaba coraje y fuerza.

El día de Pentecostés, llegó el Espíritu Santo. Como Cristo había nacido por obra del Espíritu Santo, así la Iglesia nació del Espíritu Santo que perfeccionó la unión de los cristianos en una comunidad de amor y ayuda mutua.

Por el Espíritu Santo encontramos a Cristo actuando en la comunidad y en cada uno de nosotros, sobre todo en los Sacramentos. El humo es una indicación un signo de que hay fuego, aunque no veamos la candela. También los Sacramentos son signos de que Cristo está actuando por medio de ellos en su Iglesia y en cada uno de nosotros, aunque no le veamos. Desde que nacimos hasta la hora de nuestra muerte y resurrección en El, en cada necesidad y etapa de nuestra vida, podemos encontrar a Cristo en los Sacramentos.

Otra indicación o signo aunque muy distinto de la presencia de Cristo actuando en la Iglesia, es el amor y la unión de los cristianos. "En esto reconocerán todos que ustedes son mis discípulos: Si aman unos a otros" (Juan: 13, 35). Sin este amor, y si no vivimos como hermanos, no somos Cristianos.

Felices somos nosotros de formar parte de la Iglesia, que es la presencia de Cristo por la vida del Espíritu Santo. Como hicieron los primeros cristianos, nos toca a nosotros, con la ayuda del Espíritu Santo, llevar la enseñanza de Cristo a nuestros hermanos y vivir con ellos en una comunidad de amor, y de solidaridad para dar auténtico testimonio cristiano.

Preguntas:

1. ¿Cómo nació la Iglesia?

2. ¿Qué debes hacer para que tu Iglesia local sea más verdadera?

3. ¿Cómo actúa Cristo en la Iglesia?

—Hechos, Capítulos: 2, 43-47
                     2, 32-37

Para Tu Vida:

—Recuerda que si no vivimos como hermanos, no somos cristianos.

—Pide al Espíritu Santo luz y fuerza para llevar las enseñanzas de Cristo a los demás.

Reflexiona leyendo: — Hechos: Capítulo 2

Canto: Con Nosotros Está

CAPITULO XIX
El Bautismo

"Ustedes, son una raza elegida, un reino de sacerdotes, una nación consagrada, un pueblo que Dios eligió para que fuera suyo y proclamara sus maravillas. Ustedes estaban en las tinieblas, y los llamó Dios a su luz admirable" (1 Pedro; 2, 9).

Cuando nace un hijo, vamos a declararlo para que sea reconocido como latino. Sus padres son latinos, y es normal que ellos quieran que sus hijos sean reconocidos como latinos. Los padres cristianos también quieren que sus hijos pertenezcan a la Iglesia, al Pueblo de Dios, que sean cristianos como ellos y que no se queden "moros".

Cristo nos explicó la manera de entrar en su "reino" cuando le dijo a Nicodemo: "el que no renace del agua y del Espíritu, no puede entrar en el reino de Dios" (Juan: 3, 5). Entramos por el Bautismo. San Pedro describe este "Pueblo Nuevo" en las palabras de arriba. Por el Bautismo nos convertimos en hijos de Dios y miembros de su Pueblo Elegido. Somos pueblo

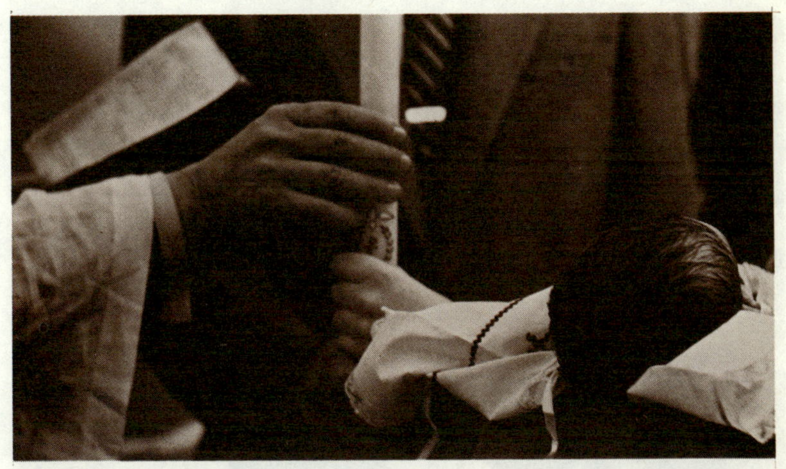

suyo porque participamos en su vida al recibir en
nosotros su Espíritu, el Espíritu Santo. Por eso,
después de decirnos en el bautismo, "Yo te bautizo en
el nombre del Padre y del Hijo y del Espíritu Santo",
el sacerdote nos unge con crisma (aceite sagrado)
cuyo perfume simboliza al Espíritu Santo que hemos
recibido.

San Pedro describe después el compromiso del
cristiano. Lo hemos visto también en el capítulo
anterior. Para ser bautizado se necesita fe y el
bautizado se compromete a amar a Dios y al hermano.
El debe "anunciar las alabanzas" de Dios, es decir,
hacerlo conocer y amar de todos. El niño no tiene fe
por acto personal suyo y no puede comprometerse; sus
padres y sus padrinos deben tener fe y comprometerse
por él. Más tarde, el niño aceptará la fe y el
compromiso de su bautismo.

El bautismo de un nuevo miembro de la Iglesia es
una ocasión de alegría para Cristo y para la comunidad

que lo recibe. En la Iglesia primitiva celebraban el bautismo de los catecúmenos la noche de Pascua para recordar a toda la comunidad que, muertos por el pecado, resucitamos a la vida nueva de Cristo por el bautismo.

Ser cristiano es una gran invitación de Cristo. Los padres y padrinos, al llevar a un niño a ser bautizado, se comprometen seriamente a educar a este niño en la fe.

Preguntas:

1. ¿Qué es el Bautismo?

2. ¿Cómo se justifica el Bautismo de los niños?

3. ¿Qué garantías deben dar los padres y los padrinos?

Para tu vida:

— Renueva el compromiso de tu Bautismo con frecuencia y vívelo.

Reflexiona leyendo: — Juan: 3, 1-21.

Canto: Un Solo Señor

CAPITULO XX
La Confirmación

"Les mandaron a Pedro y Juan. Les impusieron las manos y recibieron el Espíritu Santo" (Hechos 8, 14 y 17).

¿Qué hace un niño? Juega, corre, come y duerme. No tiene responsabilidades. ¿Cómo actúa el hombre adulto? Trabaja aunque nadie le mande; es responsable y puede hacer compromisos.

Cuando el niño es bautizado, sus padres y sus padrinos tienen fe y hacen el compromiso por él. Cuando llega a joven, la edad de la responsabilidad, debe aceptar la fe y el compromiso de su bautismo. Esta aceptación puede ser un tiempo difícil, un tiempo de crisis para él. Quisiera ser fiel, pero encuentra muchas tentaciones, y dificultades.

Entonces Cristo viene con una ayuda especial para ayudar al joven a superarlas: es el Sacramento de la Confirmación. Como el aceite facilita el funcionamiento de una rueda o una máquina y le da más fuerza, así, al ser confirmado, la unción que el joven recibe en la frente es una indicación o signo de la fuerza que él recibe del Espíritu Santo para hacer compromisos de vida cristiana. El imponerle a uno las manos en nombre de Dios indica, o es un signo de que Cristo le llama a una misión, por el Espíritu Santo. Con este gesto los Apóstoles daban el Espíritu Santo a los primeros cristianos.

Por la confirmación aceptamos vivir el compromiso de nuestro Bautismo, que nos obliga a trabajar por la Iglesia y nos da la fuerza que necesitamos para vivir la vida de Cristo. Por la Confirmación podemos participar en la vida de la Iglesia íntimamente. Nos da la fuerza que necesitamos para servir a Dios y a los demás. En este Sacramento recibimos el Espíritu Santo prometido por Cristo a la Iglesia. La misión de este Espíritu Santo es descubrir a todos los hombres de buena voluntad el plan de Salvación y también invitarlos a aceptar y a comprometerse plenamente con Cristo.

Preguntas:

1. ¿Qué relación hay entre el Bautismo (recibido de niño) y la Confirmación?

2. ¿Qué responsabilidad tienes como cristiano adulto?

Para tu vida:

— Recuerda que por la Confirmación tú aceptaste

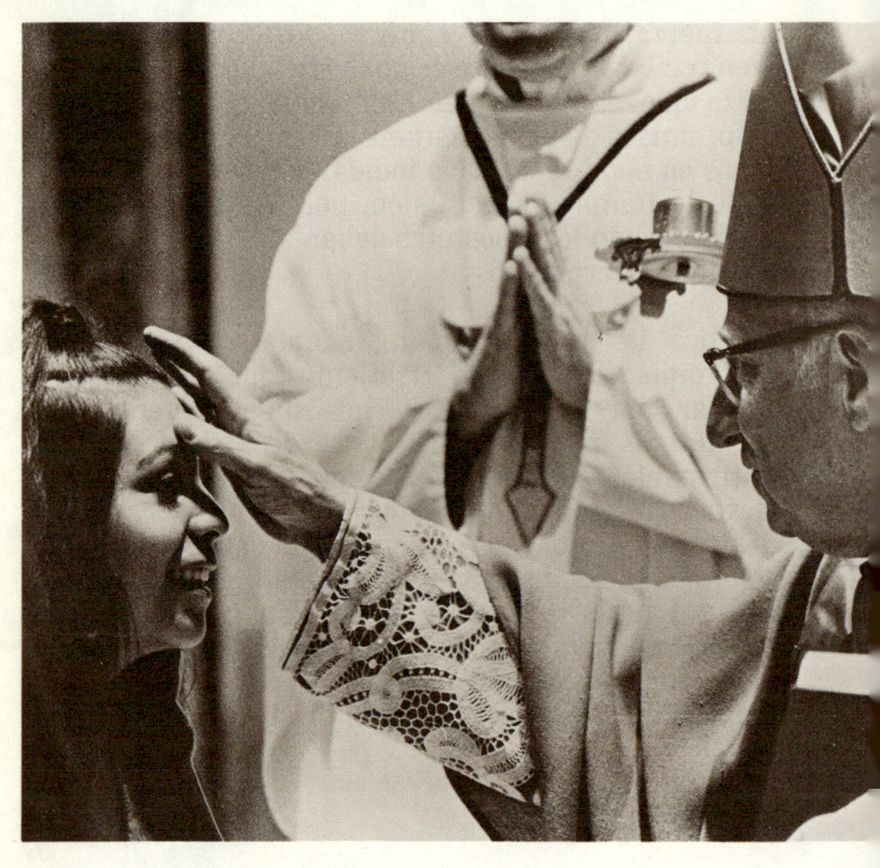

vivir el compromiso de tu bautismo.

— Como cristiano adulto, tienes la responsabilidad de llevar el mensaje de Cristo a los demás.

Reflexiona leyendo: — Juan: 16, 5-15.

Canto: Ven a Nuestras Almas

CAPITULO XXI
La Eucaristía

"Yo soy el pan vivo bajado del cielo, el que coma este pan vivirá para siempre. El pan que daré es mi carne. Y la daré para la vida del mundo" (Juan: 6, 51).

Uno de los problemas más importantes que tenemos en la vida es conseguir la comida de cada día para sostener a la familia. No podemos vivir sin comer. El alimento nos da salud y vida. Algunas veces Jesucristo quitó el hambre a mucha gente, pero El quiso enseñarnos que también necesitamos otra clase de alimento; y por eso un día, conversando, dijo, "mi Padre es el que les da el verdadero pan del cielo". Entonces, le dijeron: "Señor, danos siempre de ese pan" (Juan: 6, 32-34). Jesús les respondió con las palabras que pusimos al principio.

Cristo hizo de esto una realidad, quedándose presente entre nosotros en el pan y en el vino que El convirtió en su Cuerpo y Sangre la noche antes de morir, prediciendo el sacrificio del calvario en la Ultima Cena que celebró con sus Apóstoles: "Después tomó el pan y dando gracias lo partió y se lo dió, diciendo: Este es mi cuerpo, que va a ser entregado por ustedes. "Hagan esto en memoria mía". Después de la Cena, hizo lo mismo con la copa, dijo: "Esta copa es la Alianza Nueva sellada con mi sangre, que va a ser derramada por ustedes" (Lucas: 22, 19-20).

Cuando el dice "Hagan esto en memoria mía", está mandando a los Apóstoles que sigan celebrando esta comida hasta que El vuelva al fin de los tiempos. Por eso hoy todos los cristianos nos reunimos en la Misa, que es la celebración de esa cena de Jesús, y del sacrificio de su vida en la cruz siguiendo las indicaciones que El nos dejó. La Misa, un sacrificio de Cristo, es una comida donde nos reunimos todos los hermanos para adorar y dar gracias a Dios y para compartir el Cuerpo de Jesús en la Comunión. En esta comida el Señor mismo nos alimenta primero con su Palabra y después con su Cuerpo y Sangre. El nos une a todos los cristianos, unos con otros y con El.

La Misa es la representación del sacrificio de Cristo ofrecido al Padre en la Cruz por nuestra salvación. Por eso, al empezar la Misa, debemos examinar nuestra conciencia para ofrecernos a Dios con Jesucristo y antes de recibir a Cristo. La Misa es también una acción de gracias a Dios Padre y una garantía de que obtendremos benevolencia de Dios y perdón de nuestros pecados.

Preguntas:

1. ¿Qué compartimos en la Misa?

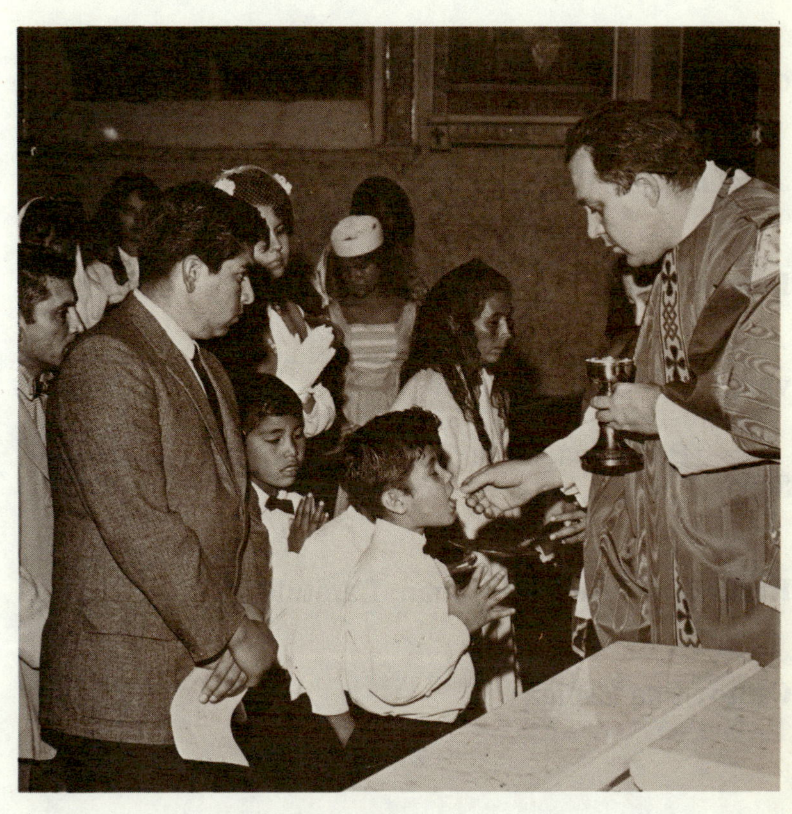

2. ¿Qué comunión previa debe haber para compartir la Comunión? (Lee: Mateo — Santiago.)

3. ¿Cuáles son las distintas formas de alimentarnos Cristo en la Misa?

Para tu vida:

— La Misa ha de ser para tí el acto principal de tu vida.

— Participa en la Misa del domingo, el día del Señor.

Reflexiona leyendo: — Juan: Capítulo 6.

Canto: Una Espiga

CAPITULO XXII
La Penitencia

"Reciban el Espíritu Santo, a quienes Ustedes perdonen, queden perdonados." (Juan: 20, 22-23)

En el capítulo sobre el Hijo Pródigo hemos visto cómo Cristo nos enseñó la bondad y la misericordia de su Padre con el pecador. ¡Qué feliz era el joven cuando recibió el abrazo de su padre, y en la fiesta que él le hizo!

Todos nos parecemos en algo al "hijo pródigo"; somos como esos hijos desagradecidos que salen de su casa a trabajar en la ciudad y olvidan a sus padres, que los criaron y los esperan y recuerdan en el conuco. Nosotros rechazamos a nuestro Padre celestial, deñamos su plan de salvación, es decir, pecamos.

Pecamos cuando creemos en brujerías. Cuando juramos en vano, poniendo a Dios como testigo. Cuando podemos asistir a Misa los domingos y fiestas, para unirnos con nuestros vecinos para alabar a Dios, y no lo hacemos. Cuando descuidamos la salud de los niños y de los viejos y la educación de nuestros hijos. Cuando maltratamos a la esposa o al marido, o cuando no respetamos a las muchachas. Cuando herimos o matamos al prójimo. Cuando botamos el dinero en ron y mujeres de la calle, o nos damos a la vida alegre. Cuando calumniamos y hablamos mentiras de las demás personas. Cuando quitamos la mujer que ya pertenece a otro, o abandonamos al marido y a los hijos. Cuando envidiamos lo que otro ha conseguido con su propio trabajo. Cuando no cooperamos con los vecinos para el mejoramiento de la comunidad.

Quisiéramos ser fieles a Dios, pero somos débiles para enfrentarnos a las tentaciones que nos rodean. Después del pecado somos infelices, como el hijo pródigo, y queremos regresar a nuestro Padre celestial. Dios quiere recibirnos, y Cristo nos ofrece en ese momento de la vida el Sacramento de la Penitencia.

Ese Sacramento, si estamos arrepentidos, será la oportunidad de encontrar la misericordia de Dios. Como el hijo pródigo en su casa, nosotros podemos celebrar con alegría el encuentro con Cristo, en la Penitencia.

Por el poder que le da Cristo, el sacerdote perdona en nombre de Dios los pecados. El sacerdote nos reconcilia con Cristo y con la comunidad de cristianos, que es el cuerpo místico de Cristo. Cristo siempre está dispuesto a perdonar, pero no obliga por la fuerza a recibir el perdón; tenemos que disponernos a ello nosotros mismos en el arrepentimiento. Somos realmente perdonados, cuando confesamos sinceramente nuestros pecados con arrepentimiento y

IN·RI

tenemos propósito de evitar el pecado. Así podremos vivir y entender el verdadero significado del Sacramento.

Preguntas:

1. ¿Cómo encontramos a Cristo en el Sacramento de la Penitencia?

2. ¿Con quién me reconcilio en el Sacramento de la Penitencia?

Para tu vida:

— Recuerda que el pecado no es solamente hacer mal sino también dejar de hacer el bien.

— Si tú has pecado, cambia los sentimientos de tu corazón, ve a confesarte para reconciliarte con Cristo y celebra con alegría el perdón que El te ofrece.

Reflexiona leyendo: — Lucas: 7, 26-50. Mateo: 5, 23-24.

Canto: Acuérdate de Jesucristo

CAPITULO XXIII
El Sacramento de Los Enfermos

"El que sufra entre ustedes, que rece. El que esté alegre, que cante himnos a Dios. El que esté enfermo, que llame a los presbíteros de la Iglesia para que rueguen por él, ungiéndolo con aceite en nombre del Señor. La oración hecha con fe salvará al enfermo; el Señor lo levantará y, si ha cometido pecados, le serán perdonados" (Santiago: 5, 13-15).

Nos da mucha pena cuando uno de la familia se enferma, y hacemos todo lo posible para curarlo y consolarlo. Es una situación muy difícil en la vida. Una enfermedad es como nuestro "viernes santo" en la vida. Si nos unimos a Cristo en el dolor, tendremos como Cristo y con Cristo nuestra Pascua Florida. Cristo vive en la Iglesia, en cada uno de nosotros, las diferentes etapas de su propia vida humana. El sufrió por nosotros y sigue sufriendo en su Cuerpo Místico, en nuestros hermanos enfermos.

Por medio del dolor, la enfermedad y la muerte, Cristo nos invita a acompañarlo en su misión salvadora. Solamente así, unido a Cristo, el dolor, el sufrimiento y la muerte tienen significación y contribuyen al bien de la Iglesia. Aunque es doloroso sufrir, es también un favor que solamente comprenden los buenos cristianos, porque nos hacemos semejantes a Cristo en su Pasión y su muerte, y si sufrimos por amor a El nos asegura una resurrección a una vida nueva parecida a la suya después de su Resurrección.

Para esta situación difícil de la vida, cuando estamos enfermos de gravedad, Cristo ofrece un Sacramento, la Unción de los enfermos (Extrema-Unción). Al recibir dignamente este Sacramento, el encuentro con Cristo nos da nuevo ánimo y alivio; siempre trae paz y consuelo. Por eso conviene recibirlo antes de estar muy próximo a la muerte con pleno conocimiento y que asista toda la familia.

El signo o la indicación de que Cristo está actuando en este Sacramento es muy sencillo. El sacerdote unge al enfermo siguiendo el rito señalado por la Iglesia y pide la gracia, el alivio y el perdón para el enfermo. En caso de necesidad, basta con ungir, diciendo las palabras prescritas por la Iglesia. (Recordando lo que hemos dicho sobre el aceite en el capítulo de "La Confirmación").

Preguntas:

1. ¿Por qué ahora decimos "Sacramento de los enfermos" en vez de "Extremaunción"?

2. ¿Cómo ayuda el Sacramento de los enfermos al enfermo?

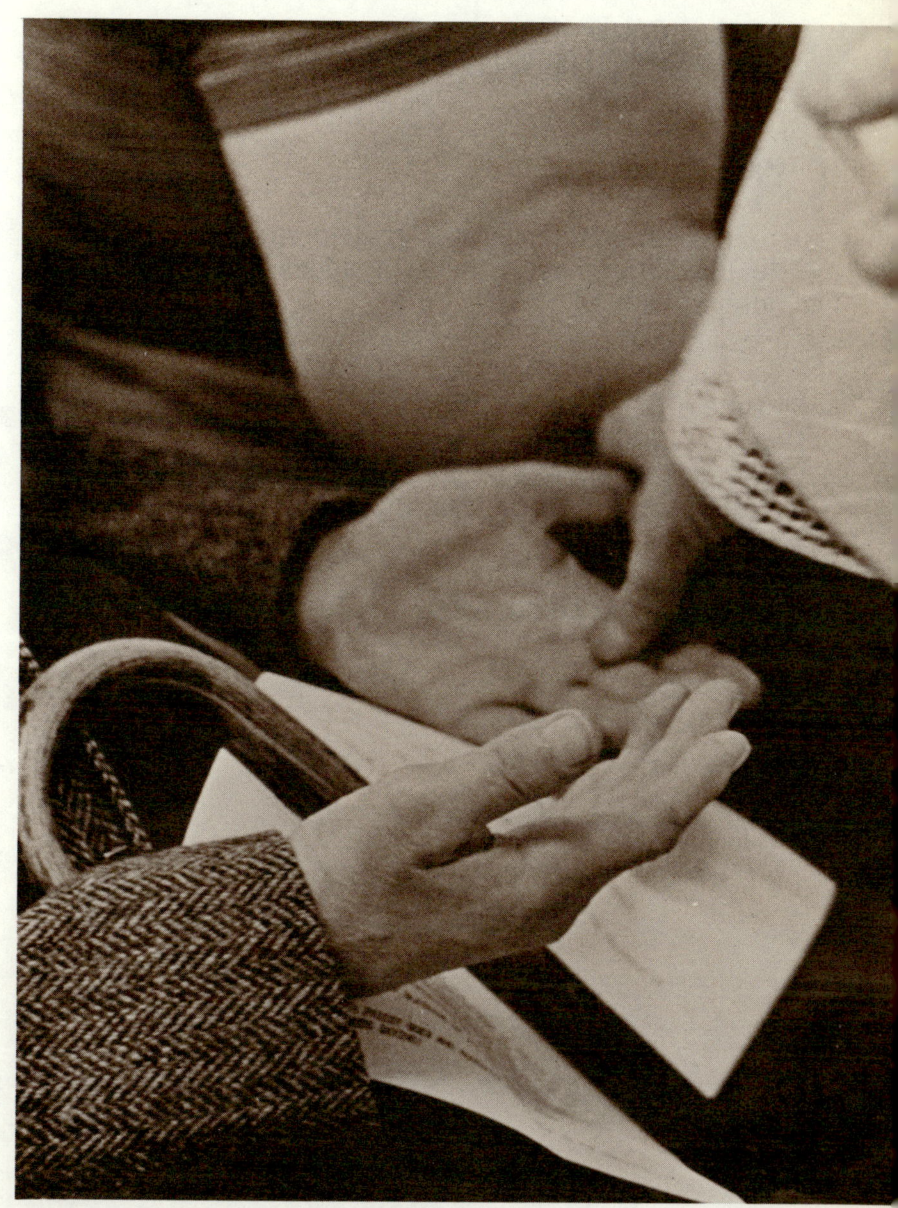

3. ¿Cómo debe ser la visita de la comunidad cristiana, cuando se enferma un hermano?

Para Tu Vida:

—Cuando te enfermes gravemente, pide la Unción de los Enfermos. Ella te ayudará a curar, si Dios quiere, o a bien morir.

—Cuando visites a un enfermo, trata de explicarle lo que el Señor quiere de él con esa enfermedad.

Reflexiona leyendo: Apocalipsis: 22, 12-18

Canto: Ya No Temo, Señor

CAPITULO XXIV
El Orden Sagrado

"Tenemos nosotros un supremo Sumo Sacerdote que alcanzó entrar en el cielo, Jesús el Hijo de Dios" (Hebreos: 4, 14).

Caminando a pie, a caballo o en carro, no encontramos ningún problema al cruzar un río cuando hay un puente sobre el río que debemos cruzar. Llegamos a nuestro destino sin dificultad. Pero si viene un gran aguacero que se lleva el puente, no podemos pasar; no hay conexión con el otro lado.

Como hemos visto en el cuarto capítulo, el hombre, por el pecado, rompió su conexión con Dios; por el pecado quedó interrumpido el camino hacia Dios, que es el destino del hombre.

Pero vino Cristo, Hijo de Dios y hombre, y formó perfectamente un puente, El mismo fue ese puente entre Dios y los hombres. Ser sacerdote, ministro de Jesucristo, es ser puente para unir a los hombres con Dios. Un puente perfecto era Cristo, verdadero Dios y verdadero hombre. Por eso San Pablo pudo decir en su carta a los Hebreos que Cristo es el único y verdadero puente, que hizo el gran sacrificio de renovación y unión de una vez y para siempre.

Cristo nos hace hijos de Dios por la fe y el Bautismo, y también nos hace sacerdotes con El. En las familias cristianas, algunos de los hijos son llamados para servir a Dios y a los hombres de una manera especial. Cristo dio a los Apóstoles un don que no había dado a los demás cristianos. Ellos tenían todos los poderes de Cristo, especialmente el de hacer a Cristo presente en el mundo.

Los obispos heredaron la misión que Cristo dió a sus Apóstoles. Ellos son los servidores de Cristo, y reciben de Cristo la misión de servir a los demás, enseñando, dirigiendo y santificando al pueblo de Dios. Cristo dijo: ''El que sirve a los demás es el más grande entre ustedes''. El Papa es sucesor de Pedro y es instrumento de la unión en el Pueblo de Dios, y a la cabeza de los Obispos, enseña y gobierna con ellos a la Iglesia entera, por orden de Cristo.

Los sacerdotes cooperan con los Obispos en el servicio de predicar, enseñar, aconsejar, presidir el culto, admitir nuevos miembros en la Iglesia, perdonar pecados, santificar; todo eso lo hacen en nombre de la Iglesia, por el mandato que les dio Cristo. Los diáconos y presidentes de asambleas cooperan con los obispos y sacerdotes, especialmente predicando en nombre de la Iglesia.

Los encargados de la Iglesia son servidores. Ellos aceptan el mensaje de Cristo para establecer una

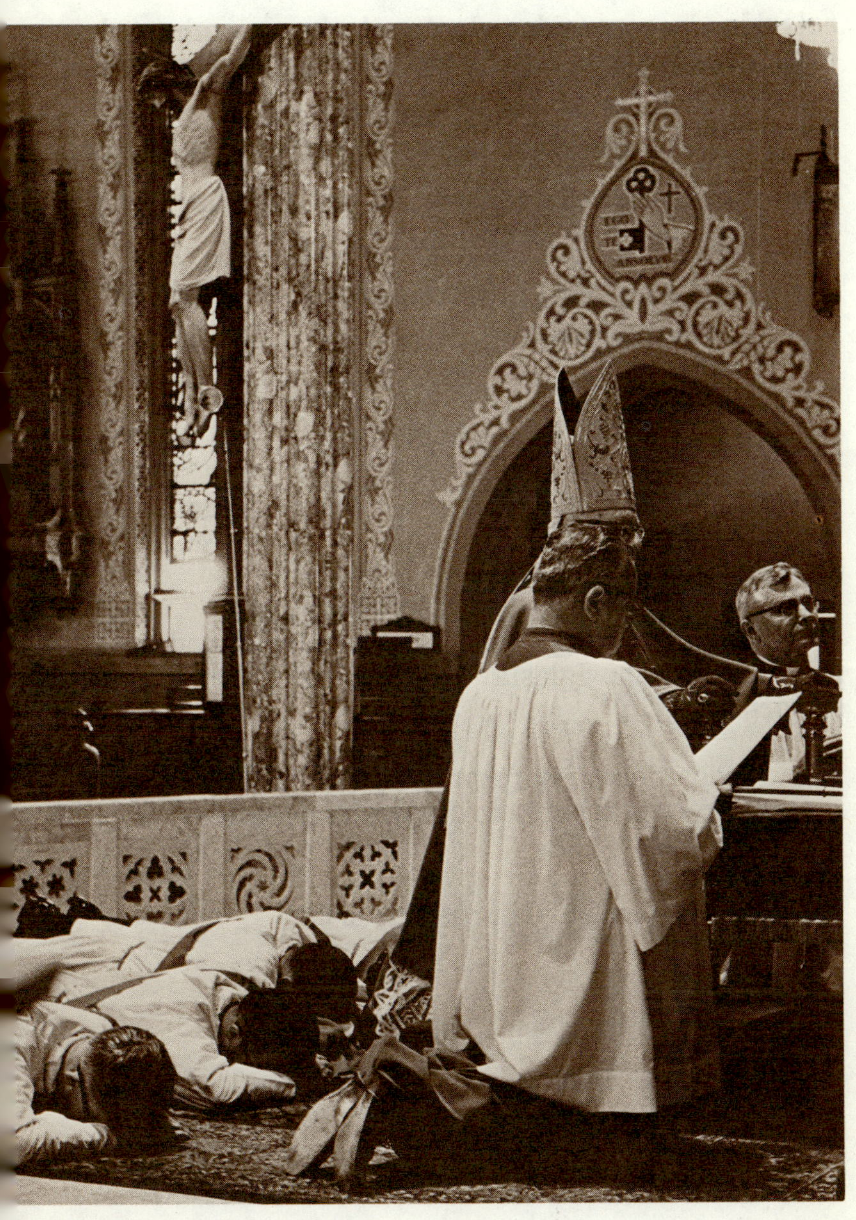

relación de comunidad dentro de los miembros del cuerpo místico de Cristo. Cada uno de ellos encarna un compromiso total en el Evangelio.

Preguntas:

1. ¿Cómo participamos todos los cristianos en el único Sacerdocio de Cristo?

2. ¿Cómo sirven a la comunidad los obispos, sacerdotes y diáconos?

Para tu vida:

—Debemos respetar no sólo a los encargados de la Iglesia, sino a todos los que viven la vida nueva de Cristo.

—Debemos dar gracias a Dios por haber dado a los ministros de la Iglesia tan grandes poderes para servirla.

—Todos debemos rezar y ayudar para que haya más sacerdotes al servicio de nuestro pueblo.

Reflexiona leyendo: — Lucas: 22, 15-30.

Canto: Soy Feliz, Señor

CAPITULO XXV
El Matrimonio

"Por eso el hombre deja a sus padres para unirse a una mujer, y formar con ella como un sólo sér." *(Génesis: 2, 24).*

Entre los animales hay machos y hembras, y tienen crías; pero no se casan, porque no saben querer. Ser hombre significa saber querer y poder ser querido o amado. Las personas no podemos ser como los animales que se unen, tienen crías y cada uno sigue su camino, sin volverse a ver más. Los seres humanos se quedan juntos y viven unidos, ven a sus hijos nacer y crecer y formar nuevas familias. Muchas personas viven juntas sin amarse, tienen hijos y los abandonan sin ninguna responsabilidad. Dios no quiere eso; El quiere que el hombre y la mujer se unan en Matrimonio.

¿Qué es el Matrimonio? Es un compromiso de fidelidad, es decir, de permanecer firmes en una responsabilidad tomada para siempre, desafiando el tiempo y el mal humor. Compromiso de dos seres humanos, un hombre y una mujer, que se aman y quieren totalmente, uno para el otro, y para siempre.

Para ser fiel a una persona debemos antes conocerla. Por eso es necesario un tiempo de noviazgo honesto.

En el matrimonio no todo es felicidad. Hay muchos sufrimientos, enfermedades, problemas económicos, problemas con los hijos, cansancio, y Cristo lo sabe.

En el Sacramento del Matrimonio, Cristo se hace presente a la boda cristiana como en la boda de Caná (Juan: 2, 1-11). El viene a bendecir la unión y el amor de los esposos y a darles la fuerza que ellos necesitan para enfrentarse a los problemas de la vida matrimonial y a la educación de los hijos. El compromiso matrimonial de unión para siempre por amor entre esposo y esposa es el signo del Sacramento, y se debe hacer público ante un sacerdote que representa a Cristo y a la comunidad. En nombre de Cristo el sacerdote benedice el amor, la unión y el compromiso de los esposos. Los esposos empiezan un nuevo hogar, una nueva unión de la comunidad y de la Iglesia. Debe ser un día de alegría para toda la parroquia. Con el compromiso matrimonial nace la "Iglesia Doméstica."

Preguntas:

1. Los que no viven la Fe Cristiana ¿Pueden recibir el Sacramento del Matrimonio? Explica tu respuesta.

2. ¿A qué se comprometen los esposos cristianos?

Para tu vida:

— Los esposos cristianos deben vivir su amor como lo enseña a vivir Jesucristo.

— Antes de casarte, debes tener un noviazgo honesto para que te ayude a conocer a tu futuro esposo o esposa, y así fundarás un hogar feliz.

— Pide a Dios que tu amor matrimonial vaya creciendo cada día más.

Reflexiona leyendo: — 1 Corintios: 7, 1-40.

Canto: — Como brotes de Olivo. . . .

CAPITULO XXVI
Los Primeros Cristianos

"Acudían asiduamente a la enseñanza de los Apóstoles, a la convivencia, a la fracción del pan y a las oraciones" (Hechos: 2, 42).

Ver una familia en la que todos se ayudan unos a otros, es una de las cosas que más alegra. Cuando la gente ve eso, lo aplaude y comenta lo bien que se lleva esa familia. Uno de los momentos más bonitos es el de toda la familia reunida en el año nuevo o en una fiesta familiar. Conversan y comen juntos. Es el momento de más unión. Recuerdan a los que han muerto y a los que viven lejos. También los familiares se reúnen cuando nace un niño, en los cumpleaños, en los matrimonios; cuando hay algún enfermo o cuando alguno muere.

Así vivían los primeros cristianos, formando la gran familia o comunidad de los que creían en Cristo. Ya la familia cristiana ha crecido mucho. La formamos todos los bautizados que vivimos con Cristo por los Sacramentos conforme a las enseñanzas que

nos dejó en los Evangelios.

Los primeros cristianos, como toda familia unida, se reunían en el templo un día especial, el día del Señor, para rezar y alabar a Dios. También cuando alguno de la comunidad iba a ser bautizado, confirmado, o a recibir la primera comunión; o cuando moría alguno de los hermanos. También se reunían con otras familias, sobre todo el domingo, para celebrar la Misa y comer todos juntos con alegría y humildad de corazón.

Lo mismo nos enseña todavía hoy la Iglesia. No sólo debe rezar cada uno en su casa, sino que tenemos actos religiosos que todos los vecinos debemos celebrar como familia unida, dando gracias y alabando a Dios Padre por los favores recibidos.

Esta manera de vivir de los primeros cristianos, como en familia, ayudándose los unos a los otros, hizo que toda la gente los estimara mucho. Así debe ser nuestra vida, un ejemplo de comprensión y armonía, como era la vida de los primeros cristianos.

Preguntas:

1. ¿Es necesario el templo para el cristiano?

2. ¿Cómo era la Misa de los Primeros Cristianos?

3. ¿Dónde y cuándo se reunían?

Para tu vida:

— La mejor oración a Dios Padre es la que hacen todos los cristianos unidos como hermanos en la Santa Misa.

Reflexiona leyendo: — Hechos: 4, 32-37. Hechos: 2, 42-

Canto: La Calzada de Emaús

CAPITULO XXVII
El Cristiano de Hoy

"He combatido el buen combate, he terminado mi carrera, siempre fiel a la fe. Por lo demás, ya me está preparada la corona de los santos con que me premiará el Señor en aquel día" (Tímoteo: 4, 7-8).

El nacimiento de un hijo se prepara cuidadosamente. La Mamá cose la ropa, el papá compra o hace la cuna. Preparan todo lo que el niño necesitará. Hay que proteger y cuidar esa vida nueva, ese sér querido que llegará muy pronto a la familia.

Los padres deben prepararse para hacer nacer a ese hijo también a la vida de Dios que da el Bautismo. Para eso los padres y los padrinos deben hacer los cursillos de su parroquia. El día del Bautismo, el papá. la mamá y los padrinos, todos juntos, llevan al niño a la iglesia. Se invita a la celebración del sacramento no solamente a la familia y a los amigos sino también a toda la comunidad, para participar de la entrada en la familia cristiana de este nuevo hijo de Dios. Todos deben rezar por su perseverancia en la fe.

El capítulo 19, sobre el Bautismo, explica los deberes de los padrinos y de los padres, por el compromiso que no puede hacer el hijo.

Para el desarrollo de su vida espiritual, los padres hacen otros cursillos, que los preparan para ayudar al hijo a participar plensamente en la Eucaristía o comunión. Son ellos, padres, y padrinos, los que llevan al niño a compartir por primera vez, en la comunidad, el Cuerpo y Sangre de Cristo. Entonces el hijo es miembro más completo del Pueblo de Dios.

Mientras el hijo es todavía joven, sus padres y toda la comunidad se interesan por su crecimiento y su progreso en la vida cristiana; por ejemplo, cuando recibe el Sacramento de la Confirmación. Sus padres le ayudan con su buen ejemplo y con sus buenos consejos para orientar bien su vacación. No se oponen, si él quiere ser sacerdote o monja.

Sus padres procuran que el joven se prepare en los cursillos prematrimoniales para el Matrimonio cristiano. Esos cursillos interesan, no solamente al párroco, sino también a toda la comunidad, para que los nuevos hogares sean cristianos, como pequeñas Iglesias que glorificarán a Dios Padre y beneficiarán a todo el Pueblo de Dios.

Después de una vida cristiana, íntimamente unida a Cristo y a sus hermanos, ese cristiano muere para resucitar con Cristo. La esperanza debe advertirse en el entierro de un cristiano. Mucha tristeza demuestra falta de fe y, algunas veces, egoísmo. Al morir el cristiano se encuentra con Cristo, y nosotros debemos pensar en ese encuentro para tratar de olvidar la pena y compartir su felicidad, y para dedicarnos a servir a los hermanos que todavía están con nosotros. No es cristiano el que se desespera cuando muere un ser querido.

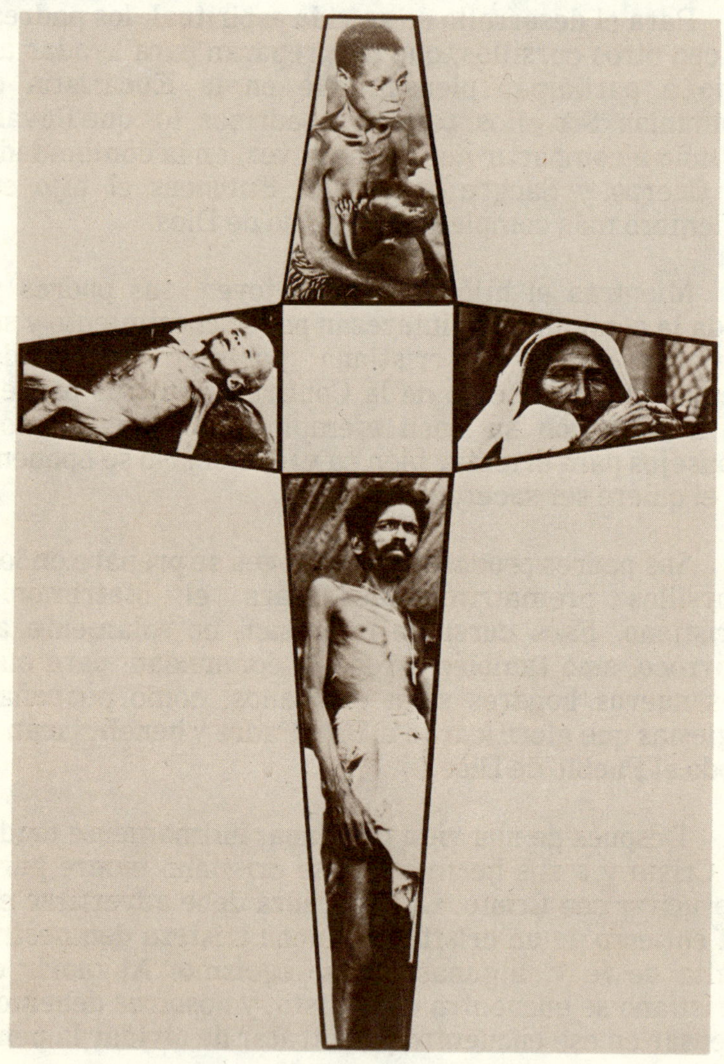

Preguntas:

1. ¿Por qué deben tomar cursillos los padres y padrinos, antes del Bautismo y la Primera Comunión de sus Hijos?

2. ¿Para qué sirven los cursillos pre-matrimoniales?

3. ¿Cómo muestra el cristiano su esperanza ante la muerte?

4. ¿Cuál debe ser el compromiso del cristiano en cooperativas, sindicatos, la política, clubes, organizaciones, etc.?

Para tu vida:

— Asiste al Bautismo y a la primera Comunión de tus hermanos, y no solamente a su entierro.

— Haz cursillos para Padres y Padrinos antes del Bautismo y la primera Comunión de tu hijo.

— Procura que tus hijos hagan cursillos pre-matrimoniales antes de casarse.

Reflexiona leyendo: — Mateo: 5, 6 y 7

Canto: Pueblo de Reyes

CAPITULO XXVIII
El Más Allá
Que Ya Comenzó

"Cuando el Hijo del Hombre venga en su gloria "rodeado de sus Angeles", se sentará en su trono, como Rey glorioso. Delante de El se reunirán todas las naciones. Como el pastor que separa las ovejas de los machos cabríos, así también lo hará El" (Mateo; 25, 31-32).

Uno de los misterios más grandes del hombre es la muerte. Aunque todos sabemos que un día vamos a morir, cuando llega la hora de la muerte, la persona tiene miedo.

Para una persona sin fe en la Resurrección, la muerte parece muy triste. Estas personas creen que la muerte es el fin de todo. El cristiano cree en la Resurrección de Cristo, y sabe que la muerte es la puerta para una Resurrección a una nueva vida, parecida a la vida gloriosa de Cristo después de su Resurrección. Sin embargo, aunque el cristiano entiende eso por la fe, la muerte siempre nos trae misterio y pena.

La Resurrección es la promesa que hemos recibido. La fe en la Resurrección del Señor es el centro de la Buena Nueva, que proclama el Evangelio. El "cómo" de la Resurrección por de pronto no lo podemos explicar, pero si sabemos que Dios nos llama.

Cristo dijo, en el Capítulo 25 del Evangelio, según San Mateo, que cuando venga el Señor al fin del tiempo, El nos juzgará según el amor que hemos tenido para con el prójimo. En aquel día quedará completamente terminada la Obra de Dios y "su reino no tendrá fin".

Cristo nos hará ver lo que somos en realidad. El hombre que, dándose cuenta, vive una vida mala, será castigado eternamente en el infierno. El Evangelio usa las palabras "fuego" y "llanto" cuando habla del infierno.

También Cristo dijo que los que vivieron una vida de amor, seguirían viviendo para siempre esa vida, en el gozo de Dios y con los demás santos. El amor y hermandad que hemos compartido con los demás, y nuestras buenas obras, seguirán para siempre con nosotros. La persona que tiene el corazón limpio, vivirá en una gloria inimaginable. El hombre encontrará su propio fin y descanso en Dios.

Nadie puede imaginarse lo que Dios tiene preparado para los que le aman. San Pablo recibió una visión del cielo y tampoco podía explicarlo con palabras humanas. Sólo dijo: "ni el ojo vió, ni el oído oyó, ni al corazón del hombre llegó lo que Dios preparó para los que le aman" (1 Corintios: 2, 9). Para el buen cristiano, el día de la muerte de un pariente o de un amigo debe llenarlo de esperanza, y debe dar gracias a Dios que lo ha recibido en el cielo.

Preguntas:

1. ¿Qué significa el "Reino de Dios"?

2. ¿Cómo preparamos la llegada del "Reino de Dios"?

Para tu vida:

—No debemos preocuparnos pensando demasiado cómo será el cielo o el infierno. Más bien debemos preocuparnos de portarnos bien en todo momento, como Cristo nos enseñó, y con eso, nos aseguraremos el cielo.

Reflexiona leyendo: — Juan, Capítulo 14.

Canto: Resucitó

PARTE SEGUNDA
DEVOCIONARIO

(Oraciones que todo cristiano debe saber)

Padrenuestro

Esta es la oración principal de los cristianos, porque fue el mismo Cristo quien nos la enseñó capítulo que se llama "Cristo nos enseña a rezar".

Padre nuestro, que estás en el cielo. Santificado sea tu nombre. Venga tu reino. Hágase tu voluntad en la tierra, como en el cielo. Danos hoy nuestro pan de cada día. Perdona nuestras ofensas, como también nosotros perdonamos a los que nos ofenden. No nos dejes caer en la tentación. Y líbranos del mal, amén.

Avemaría

Esta es la oración más bella para honrar a la Virgen María, Madre de Cristo y Madre nuestra. En la primera parte de la oración repetimos las palabras que el Angel Gabriel le dijo a María, cuando le anunció que Dios la había escogido para ser Madre de Cristo.

Lee el capítulo que se llama "María, Madre de Cristo y Madre Nuestra".

Dios te salve, María, llena eres de gracia; el Señor es contigo; bendita tú eres entre todas las mujeres, y benidto es el fruto de tu vientre, Jesús. Santa María, Madre de Dios, ruega por nosotros, pecadores, ahora y en la hora de nuestra muerte. Amén.

Credo

En esta oración están las principales verdades que nosotros creemos de nuestra religión. Cuando queremos proclamar nuestra Fe, la debemos recitar. Por ejemplo en la Misa, o cuando tengamos una tentación contra la Fe.

Creo en Dios Padre, Todopoderoso, Creador del Cielo y de la tierra. Y en Jesucristo su Unico Hijo, Nuestro Señor, que fue concebido por obra y gracia del Espíritu Santo; nació de Santa María Virgen; padeció bajo el poder de Poncio Pilato; fue crucificado, muerto y sepultado; descendió a los infiernos; al tercer día resucitó de entre los muertos; subió a los cielos y está sentado a la diestra de Dios, Padre Todopoderoso; desde allí ha de venir a juzgar a los vivos y a los muertos. Creo en el Espíritu Santo, en la Santa Iglesia Católica, en la Comunión de los Santos, en el perdón de los pecados, en la resurrección de la carne, y en la vida eterna. Amén.

Gloria

Cuando queremos alabar a Dios, en el misterio de Santísima Trinidad, Padre, Hijo y Espíritu Santo, ésta es la oración más usada.

Gloria al Padre, al Hijo y al Espíritu Santo, como era en el principio, ahora y siempre, por los siglos de los siglos. Amén.

Mandamientos

Aunque esto no es una oración, todo cristiano debe saberlos de memoria. Todos ellos, como Cristo nos enseñó, pueden resumirse en dos: amar a Dios sobre todas las cosas y amar al prójimo como nos amamos a nosotros mismos.

Los 10 mandamientos son:

1. **Amar a Dios sobre todas las cosas.**
2. **No tomar el Santo Nombre de Dios en vano.**
3. **Santificar las fiestas.**
4. **Honrar a tu Padre y a tu Madre.**
5. **No matar.**
6. **No fornicar, ni hacer acciones impuras.**
7. **No robar.**
8. **No levantar falso testimonio ni mentir.**
9. **No desear la mujer de tu prójimo.**
10. **No desear los bienes ajenos.**

Acto De Contrición

Contrición significa que a uno le duele haber hecho algo contra Dios. Cuando tú sientas remordimiento en tu conciencia por haber pecado y desees pedirle perdón a Dios, esta oración te servirá para eso.

"Yo confieso ante Dios Todopoderoso y ante ustedes hermanos, que he pecado mucho de pensamiento, palabra, obra y omisión: por mi culpa, por mi culpa, por mi gran culpa. Por eso ruego a Santa María, siempre Virgen, a los Angeles, a los Santos y a ustedes hermanos, que intercedan por mí ante Dios, nuestro Señor".

— Otras oraciones que no tienes que saber de memoria, pero que te pueden ayudar para hablar con Dios en algunos momentos especiales del día o de la noche, o de la vida.

Al levantarte por la mañana.

Al salir de la cama haz la señal de la cruz. Y después de haberte aseado y vestido, acuérdate de hablar con Dios. Las siguientes oraciones pueden ayudarte, y mejor si las rezas en compañía de los demás en tu casa.

Oraciones de la mañana y de la noche

Dios y Señor mío, en quien creo y espero, a quien adoro y amo con todo mi corazón, te doy gracias por haberme criado, redimido, hecho cristiano y

conservado en esta noche (en este día). Ofrezco y consagro a tu honra y gloria todos mis pensamientos, palabras, obras y trabajos, con la intención de cumplir tu voluntad. Por Cristo Nuestro Señor. Amén.

Padre Nuestro, y gloria al Padre.

Ofrecimiento a la Virgen

¡Oh! Virgen y Madre de Dios, yo me ofrezco por hijo tuyo y en honor y gloria de tu pureza te ofrezco mi alma, mi corazón, mi cuerpo, mis potencias y mis sentidos y te suplico me alcances la gracia de no cometer jamás pecado alguno. Amén.

Ave María.

A las comidas:

Este es otro momento bueno para acordarnos de nuestro Padre, Dios, y hablar con El.

Antes de comer:

Bendícenos, Señor, a nosotros.

Bendice estos alimentos que vamos a tomar.

Bendice a quienes los han preparado.

Dales pan a los que tienen hambre.

Y hambre y sed de justicia a los que tenemos pan.

Te lo pedimos por Cristo Nuestro Señor. Amén.

Después de Comer:

Te damos gracias, Señor, por todos los beneficios que hemos recibido de tu mano. Te las damos por Cristo Nuestro Señor. Amén.

El Angelus

Desde hace muchos siglos los cristianos acostumbran detenerse tres veces al día, al amanecer, al mediodía y al anochecer, para repetir el saludo del Angel a la Virgen María y así, recordar el hecho de que Dios se hizo hombre sin dejar de ser Dios para salvar a los hombres.

—El Angel del Señor anunció a María. —

—y concibió del Espíritu Santo.—

Dios te Salve, María . . .

—He aquí la esclava del Señor.—

—Hágase en mí, según tu palabra.—

Dios te Salve, María . . .

—Y el Verbo se hizo carne.—

—Y habitó entre nosotros.—

Dios te salve, María . . .

—Ruega por nosotros, Santa Madre de Dios.—

Para que seamos dignos de alcanzar las promesas de nuestro Señor Jesucristo.

Oración:

Te suplicamos, Señor, que infundas tu gracia en nuestras almas, para que quienes por la anunciación del ángel hemos conocido la encarnación de Jesucristo, tu Hijo, por su pasión y su cruz seamos llevados a la gloria de su resurrección. Por Cristo nuestro Señor. Amén.

Al ir a dormir:

Muy bueno sería que antes de ir a dormir, cada noche, dedicáramos unos minutos a revisar nuestro día. Para ver si hemos caminado por el camino que Cristo nos enseñó y si hemos sido fieles al Espíritu Santo que habita en nuestros corazones, pudiéramos ayudarnos, abriendo nuestro catecismo en la lección que se llama: "La Penitencia", y leyéndola despacio, miramos a ver si hemos cometido alguno de esos pecados que allí se explican.

Después, pídele perdón a Dios por tus pecados de este día y de toda tu vida, y recita despacio el acto de contrición.

Cuando alguno se enferma.

Los enfermos, aunque estén en cama y no puedan hacer nada y aunque sólo den trabajo a los que viven con ellos, no son inútiles. Lee lo que dice sobre los enfermos la lección sobre la Unción de los Enfermos. Visítalos con cariño, anímalos, haz lo que puedas para ayudarlos a curarse. Y si es una persona de Fe, reza con ella esta oración:

Oración para los enfermos

Señor, Padre Santo, Dios Todopoderoso y eterno, que cuidas de tus criaturas con gran delicadeza y derramas la gracia de tu bendición sobre los cuerpos enfermos: atiende benigno a la invocación de tu nombre en favor de tu hijo, líbralo de la enfermedad que padece, y recuperada la salud, levántalo con tu mano, fortalécelo con tu vigor, defiéndelo con tu poder y reincorpóralo a tu Santa Iglesia. Por Cristo nuestro Señor. Amén.

Cuando alguno está moribundo.

Procura que el mismo moribundo quiera ver al sacerdote. Pero hazlo pronto y no esperes a que esté en agonía y, mucho menos, a que esté inconsciente. Para un moribundo es de mucho alivio y consuelo el confesarse y confiarle al sacerdote lo que pueda tener secreto en su conciencia y que tal vez lo angustia. Eso no lo podrá hacer si está inconsciente. Y cuando ya esté en agonía, entregando su alma a Dios, reúne a los de la familia y recítese esta oración:

Para encomendar a los moribundos

Vengan en su ayuda los Santos de Dios; salgan a su encuentro los Angeles del Señor: reciban su alma y preséntenla ante el Altísimo.

V. Cristo, que te llamó, te reciba y los Angeles te conduzcan a su eterna compañía.

R. Reciban su alma y preséntenla ante el Altísimo.

Para después que haya muerto:

V. Concédele, Señor, el descanso eterno, brille para él la luz eterna.

R. Reciban su alma y preséntenla ante el Altísimo.

V. Señor, ten piedad.

R. Cristo, ten piedad. Señor ten piedad.

Padre Nuestro.

V. Concédele Señor el descanso eterno.

R. Y brille para él la luz eterna.

V. Libra Señor su alma.

R. De las penas del infierno.

V. Descanse en paz.

R. Amén.

V. Señor, escucha nuestra oración.

R. Y llegue a tí nuestro clamor.

V. El Señor esté con ustedes.

R. Y con tu Espíritu.

Oremos:

Te recomendamos, Señor el alma de tu hijo N.N., a fin de que, viva siempre para Tí. Limpia con el perdón de tu infinita misericordia todos los pecados que haya cometido por la debilidad de su naturaleza humana. Te lo pedimos por Cristo, nuestro Señor. Amén.

Cuando el moribundo es un niño que no está bautizado.

No lo lleves a la casa del sacerdote para que lo bautice, porque el viaje puede hacerle mucho daño, y quizás hasta matarlo. Si hay tiempo llama al catequista. Y si no, tú mismo puedes hacer lo siguiente:

Primero: reúne a los papás y pregúntales: ¿Ustedes quieren que su hijo sea bautizado según la Iglesia Católica? Si ellos responden que sí, di tú también no sólo con la boca sino también con el corazón y con tu intención: pues yo también quiero.

Segundo: Toma un poco de agua y derrámala sobre la cabeza del niño, diciendo al mismo tiempo el nombre del niño y estas palabras: **"Yo te bautizo en el nombre del Padre, y del Hijo y del Espíritu Santo. Amén"**.

Si el niño muere, va al cielo porque ya está bautizado. Si sana, deben llevarlo después al sacerdote y decirle que lo bautizaron en peligro de muerte, para que él haga las ceremonias que faltan y lo apunte en el libro de bautismos.

Misterios Del Santísimo Rosario

Gozosos

(lunes y jueves)

1. La Encarnación del Hijo de Dios.

2. La Visitación de la Virgen a Santa Isabel.

3. El Nacimiento del Señor en Belén.

4. La Presentación del Niño Jesús en el Templo.

5. El Niño perdido y hallado en el templo.

Dolorosos

(martes y viernes)

1. La Oración del Señor en el huerto.

2. Los Azotes en la columna.

3. La Coronación de espinas.

4. El Señor con la cruz a cuestas.

5. La Crucifixión del Señor.

Gloriosos

(miércoles, sábados y domingos)

1. La Resurrección del Señor.

2. La Ascensión del Señor.

3. La Venida del Espíritu Santo

4. La Asunción de Nuestra Señora.

5. La Coronación de Nuestra Señora.

Algunas cosas que te interesan saber:

Ayuno y abstinencia

El ayuno y la abstinencia son leyes de la Iglesia y pueden cambiar. De hecho han cambiado ya.

La Iglesia ha dado estas leyes para ayudarnos, de este modo, a que nos sacrifiquemos y hagamos penitencia de nuestros pecados y sintamos así dolor de haberlos cometido y manifestemos tal dolor.

Ayuno:

Es hacer una sola comida al día pudiendo tomar algún alimento en el desayuno y cena. Esta es la ley universal de la Iglesia pero lo importante es mortificarnos en la comida, comiendo ese día menos que los otros días con espíritu de penitencia.

Abstinencia

Es privarnos de comer carne con el fin de sentir y mostrar dolor de nuestros pecados y de suplicar ayuda a Dios en favor nuestro. La abstinencia obliga a todas las personas desde los 21 años hasta los 60.

Toda persona está dispensada de la abstinencia y del ayuno cuando está enfermo, tiene un trabajo muy grande o existe otra razón suficientemente seria.

En general son días de ayuno y abstinencia, el Miércoles de Ceniza y el Viernes Santo; y días de abstinencia, todos los viernes de la Cuaresma.

PARTE TERCERA
CANTOS

Canto de Caridad

Coro:
Bendigamos al Señor
Que nos une en caridad
Y nos nutre con su amor
En el pan de la unidad.

1. Conservemos la unidad
   que el Maestro nos
       mandó
   donde guerra, que haya
       paz,
   donde hay odio, que
       haya amor.
   ¡Oh, Padre nuestro!

2. El Señor nos ordenó
   de volver el bien por
       mal,
   ser testigos de Su
       amor,
   perdonando de verdad.
   ¡Oh, Padre nuestro!

3. Al que vive en el dolor
   y al que sufre soledad,
   démosle de corazón,
   un consuelo fraternal,
   ¡Oh, Padre nuestro!

4. El Señor que nos llamó
   a vivir en unidad,
   nos congregue con Su
       amor
   en feliz eternidad.
   ¡Oh Padre nuestro!

Caminando Juntos

Coro: "Adiós" quiere
      decir,
      "Vaya usted con
      Dios!"
      Mi corazón se
      alegra,
      Contigo voy, Señor.

1. Caminando juntos
   Vamos a salir,
   Y el adiós! decimos
   Antes de partir.

2. Vamos siempre a
      obscuras,
   Si nos falta el sol,
   Vamos siempre, solos,
   Si nos falta Dios.

3. Dios es buen amigo
   Para caminar,
   Si El viene conmigo,
   Que seguro andar!

4. No camino solo,
   Porque voy con Dios,
   Y saludo a todos
   Con un gran adiós.

Gracias, Señor

1. Por el cielo la estrella
   y el sol, Gracias,
   Señor
   Por la nube, la luna y
   su luz, Gracias,
   Señor.
   Al mirar su fulgor
   conocemos tu amor,
        Gracias, Señor.

2. Por la lluvia y la
   nevazón, Gracias,
   Señor
   La neblina, el rocío
   sutil, Gracias, Señor.
   Tu caricia ellos son y
   muestras tu amor,
        Gracias, Señor.

3. Por el bosque y el
   viento cantor,
   Gracias, Señor
   Por el ritmo incesante
   del mar, Gracias,
   Señor
   Nos recuerdan tu voz,
   que nos hace cantar,
        Gracias a Tí, Señor.

4. Por la dicha de
   hallarnos aquí,
   Gracias, Señor
   Al abrigo de tu
   creación, Gracias,
   Señor.
   Por cantar a una voz,
   nuestra fe y nuestro
   amor,
        Gracias a Tí, Señor.

Te Den Gracias

Coro: Te den gracias
      todos los pueblos,
      Que todos los
      pueblos te den
      gracias.

1. Señor, Señor, Señor
   gracias te damos
   Por esta Misa que
   hemos celebrado;
   Tu cuerpo y Sangre ya
   hemos recibido
   Volvemos a la vida
   entusiasmados.

2. ¡Señor, qué bien se
   vive aquí en tu casa!
   En Cristo siempre
   unidos como
   hermanos;
   Señor que sea esto un
   anticipo
   Del cielo que ya
   estamos
   comenzando.

No Lo Conocéis

Coro: Con vosotros está
     Y no lo conocéis;
     Con vosotros está
     Su nombre es el
     Señor.

1. Su nombre es el Señor
   y pasa hambre,
   Y clama por la boca del
   hambriento
   Y muchos que lo ven
   pasan de largo,
   Acaso por llegar
   temprano al templo.

   Su nombre es el Señor
   y sed soporta,
   Y está en quien de
   Justicia está
   sediento,
   Y muchos que lo ven
   pasan de largo,
   A veces ocupados en
   sus rezos.

2. Su nombre es el Señor
   y está desnudo
   La ausencia del amor
   hiela sus huesos,
   Y muchos que lo ven
   pasan de largo,

Seguros y al calor de su
   dinero.

Su nombre es el Señor,
   y enfermo vive
Y su agonía es la del
   enfermo,
Y muchos que lo saben
   no hacen caso,
Tal vez no frecuentaba
   mucho el templo.

3. Su nombre es el Señor
   y está en la cárcel,
   Está en la soledad de
   cada preso,
   Y nadie lo visita y
   hasta dicen,
   Tal vez éste no era de
   los nuestros.

   Su nombre es el Señor,
   el que sed tiene,
   Quien pide por la boca
   del hambriento,
   Está preso, está
   enfermo, está
   desnudo,
   Pero él nos va a juzgar
   por todo eso.

Cristo Está Conmigo

(Ya no temo, Señor)

Coro: Cristo está
     conmigo
     Junto a mí va el
     Señor
     Me acompaña
     siempre
     En mi vida hasta el
     fin.

1. Ya no temo, Señor, la
   tristeza,
   Ya no temo, Señor, la
   soledad
   Porque eres, Señor, mi
   alegría
   Tengo siempre tu
   amistad.

2. Ya no temo, Señor, a la
   noche,
   ya no temo, Señor, la
   oscuridad,
   porque brilla tu luz en
   las sombras,
   ya no hay noche, tu
   eres luz.

3. Ya no temo, Señor, los
   fracasos,
   ya no temo, Señor, la
   ingratitud,
   porque el triunfo,
   Señor, en la vida
   tú lo tienes, tú lo das.

4. Ya no temo, Señor, los
   abismos,
   ya no temo, Señor, la
   inmensidad,
   porque eres, Señor, el
   camino
   y la vida, la verdad.

5. Ya no temo, Señor, a la
   muerte,
   ya no temo, Señor, la
   eternidad,
   porque tú estás allá
   esperando
   que yo llegue hasta tí.

Canción del Testigo

Coro: Por Tí, mi Dios
cantando voy
la alegría de ser
tu testigo Señor.

1. Es fuego tu palabra
que mi boca quemó
mis labios ya son
llamas
y cenizas mi voz,
da miedo proclamarla
pero Tú me dices
no temas, contigo
estoy.

2. Tu palabra es una
carga
que mi espalda dobló
es brasa tu mensaje
que mi lengua secó
déjate quemar,
si quieres alumbrar
no temas contigo estoy.

3. Me mandas que cante
con toda mi voz
no sé cómo cantar
tu mensaje de amor
los hombres se
preguntan
cuál es mi misión
les digo: Tu testigo
soy.

Juntos Como Hermanos

Juntos como hermanos
miembros de una Iglesia
vamos caminando
al encuentro del Señor.

Un largo caminar
por el desierto bajo el sol
no podemos avanzar
sin la ayuda del Señor.

Unidos al rezar,
unidos en una canción,
viviremos nuestra fe
con la ayuda del Señor.

La Iglesia en marcha está
a un mundo nuevo vamos
   ya,
donde reinará el amor
donde reinará la paz.

Anunciaremos Tu Reino

Coro: Anunciaremos tu
    reino,
   Señor, tu reino,
   Señor, tu reino.

Estribillo:
1. Reino de paz y justicia.
   Reino de vida y verdad.
   Tu reino, Señor, tu
    reino.

2. Reino de amor y de
    gracia.
   Reino que habita en
    nosotros.
   Tu reino, Señor, tu
    reino.

3. Reino que sufre
    violencia.
   Reino que no es de este
    mundo.
   Tu reino, Señor, tu
    reino.

4. Reino que ya ha
    comenzado.
   Reino que no tendrá
    fin.
   Tu reino, Señor, tu
    reino.

Santa María del Camino

Coro: Ven con nosotros al
caminar,
Santa María, Ven.
Ven con nosotros
al caminar,
Santa María, Ven.

1. Mientras recorres la
vida
Tú nunca solo estás,
Contigo por el camino
Santa María va.

2. Aunque te digan
algunos
Que nada puede
cambiar
Lucha por un mundo
nuevo,
Lucha por la verdad.

3. Si por el mundo los
hombres,
Sin conocerse van,
No niegues nunca tu
mano
Al que contigo está.

4. Aunque parezcan tus
pasos
Inútil caminar
Tu vas haciendo
caminos
Otros los seguirán.

Noche de Paz

Coro: Noche de paz,
noche de amor,
Todo duerme en
derredor,
Entre los astros
que esparcen su
luz,
Bella anunciando al
niñito Jesús
Brilla la estrella de
paz,
Brilla la estrella de
paz.

2. Noche de paz, noche de
amor,
Ved que bello
resplandor
Luce en el rostro del
Niño Jesús
En el pesebre del
mundo la luz
Rostro de eterno
fulgor,
Rostro de eterno
fulgor.

3. Noche de paz, noche de
amor,
Oye humilde el fiel
pastor
Coros celestes que
anuncian salud
Gracias y glorias en
gran plenitud
Por nuestro buen
Salvador,
Por nuestro buen
Salvador.

4. Del cielo bajó
espléndida luz.
Gloria a Dios, paz al
mortal.
Canta del angel la voz
celestial.
Todo es gloria, todo
hoy paz.
Danos tu paz, oh Jesús.
Danos tu paz, oh Jesús.
Jesús.

Un Mandamiento Nuevo

ANT. Un mandamiento
nuevo
nos da el Señor,
que nos amemos
todos
como nos ama Dios.

1. La señal de los
cristianos
es amarnos como
hermanos. ANT.

2. Quien a sus hermanos
no ama
miente si a Dios dice
que ama. ANT.

3. Cristo Luz, Verdad, y
Vida
al perdón y amor
invita. ANT.

4. Perdonemos al
hermano
como Cristo ha
ordenado. ANT.

5. Somos de Cristo
hermanos
si de veras
perdonamos. ANT.

6. En la vida y en la
muerte
Dios nos ama para
siempre. ANT.

7. En trabajos y fatigas
Cristo a todos nos
anima. ANT.

8. Comulguemos con
frecuencia.
para amarnos a
conciencia. ANT.

9. Gloria al Padre gloria
al Hijo
y al Espíritu Divino.
ANT.

El Peregrino

1. Errante voy, soy
     peregrino,
   Como un extraño voy
     bajo el sol.
   Encuentro a Dios en mi
     camino,
   Consuelo y paz de mi
     dolor.
   Unido a Dios en alianza
   El nuevo pueblo en
     marcha va,
   Luchando aquí por la
     esperanza
   En un mundo nuevo
     que vendrá.

2. Recorro el fin de mi
     camino,
   voy a mi patria,
     Jerusalén.
   Nada me inquieta y mi
     destino
   porque el Señor guarda
     mi fe.

3. Unido a Dios en
     Alianza
   el nuevo pueblo en
     marcha va,
   luchando aquí por la
     esperanza
   de un mundo nuevo que
     vendrá.

Viva la Gente

Coro: Viva la gente:
      La hay donde
      quiera que vas.
      Viva la gente:
      Es lo que nos gusta
      más.
      Con más gente a
        favor de gente
      En cada pueblo y
        nación
      Habría menos
        gente difícil
      Y más gente con
        corazón

1. Esta mañana de paseo
   Con la gente me
     encontré.
   Al lechero, al cartero
   Al policía saludé;
   Detrás de cada ventana
   Y puerta reconocí
   Mucha gente que antes
   Ni siquiera la vi.

2. Gente de las ciudades
   Y también del interior
   Las ví como un ejército
   Cada vez mayor.
   Entonces me dí cuenta
   De una gran realidad
   Las cosas son
     importantes,
   Pero la gente lo es
     más.

3. Dentro de cada uno
   Hay un bien y hay un
     mal;
   Mas no dejes que
     ninguno
   Ataque la humanidad.
   Amalos como son
   Y lucha porque sean
   Los hombres y las
     mujeres
   Que Dios quiso que
     fueran.

Sí, Me Levantaré

Antífona: Sí, me levantaré,
Volveré junto
a mi Padre.

1. A tí, Señor, elevo mi
   alma
   Tú eres mi Dios y mi
   Salvador

2. Mira mi angustia,
   mira mi pena,
   dame la gracia de tu
   perdón.   Ant.

3. Mi corazón busca tu
   Rostro;
   oye mi voz, Señor, ten
   piedad.

4. A tí Señor te invoco y
   te llamo:
   Tu eres mi Roca, oye
   mi voz.   Ant.

5. No pongas fin a tu
   ternura,
   haz que guarde
   siempre tu amor.

6. Sana mi alma y mi
   corazón

porque pequé, Señor
contra tí.   Ant.

7. Piedad de mí, oh Dios
   de ternura,
   lava mis culpas, oh
   Salvador.

8. Tu sabes bien, Señor
   mis pecados:
   ante tus ojos todos
   están.   Ant.

9. Como el vigía espera
   la aurora,
   así mi alma espera al
   Señor.

10. Vuelve Señor, vuelve
    a nosotros
    somos tus hijos,
    tennos piedad.   Ant.

11. Tú, mi alegría, tú, mi
    refugio
    todos los santos te
    cantarán.

12. Mi corazón te canta y
    exulta,
    te alabaré por la
    eternidad.   Ant.

El Señor Es Mi Fuerza

Todos: El Señor es mi
fuerza,
mi roca y
salvación.
El Señor es mi
fuerza,
mi roca y
salvación.

1. Tú me guías por sendas
de justicia,
Me enseñas la verdad
Tú me das el valor para
la lucha,
Sin miedo avanzaré.

2. Iluminas las sombras
de mi vida,
al mundo das la luz.
Aunque pase por valle
de tiniebla,
yo nunca temeré.

3. Yo confío el destino de
mi vida
al Dios de mi salud.
A los pobres enseñas el
camino,
su escudo eres Tú.

4. El Señor es la fuerza de
su pueblo,
su gran libertador.
Tú le haces vivir en
confianza,
seguro en tu poder.

En Dios Pongo mi Esperanza

En Dios pongo mi
  esperanza en su palabra

1. Desde el abismo calmo
     a tí, Señor.
   ¡Señor, oye mi voz!
   Estén tus oídos atentos
   A la voz de mi
     esperanza

2. Si las culpas retienes
     Señor
   ¿Quién subsistirá?
   Pero cerca de tí está el
     perdón
   Y así serás tenido.

3. Espero al Señor, mi
     alma espera,
   en su palabra confío
   espera mi alma al
     Señor
   más que el centinela la
     aurora.

4. Pues hay en el Señor
     misericordia
   y abundante libertad
   Pues El libertará a
     Israel
   de todas sus culpas.

5. Gloria a Dios, Padre
     Omnipotente
   y a su Hijo el Señor
   y al Espíritu que habita
     en nuestras almas,
   por los siglos de los
     siglos.

Vamos Cantando Al Señor

Vamos cantando al Señor
El es nuestra alegría.

1. La luz de un nuevo día
   venció a la oscuridad
   que brille en nuestras
     almas
   la luz de la verdad.

2. La roca que nos salva
   es Cristo, nuestro Dios
   lleguemos dando
     gracias
   a nuestro Redentor.

3. Los cielos y la tierra
   aclaman al Señor.
   Ha hecho maravillas,
   inmenso es su amor.

4. Unidos como hermanos
   venimos a tu altar
   que llenes nuestras
     vidas
   de amor y de amistad.

Este Es el Día

Coro: Este es el día en
que actuó el Señor
sea nuestra alegría
y nuestro gozo
dad gracias al
Señor porque es
bueno
porque es eterna
su misericordia
Aleluya, Aleluya.

1. Que lo diga la casa de
Israel
es eterna su
misericordia.
Que lo diga la casa de
Aarón
es eterna su
misericordia.
Que lo digan los fieles
del Señor
es eterna su
misericordia.

2. Escuchad: hay cantos
de victoria
en las tiendas de los
justos
''la diestra del Señor es
poderosa
es excelsa la diestra
del Señor'' (bis)

3. Abridme las puertas del
triunfo
y entraré para dar
gracias al Señor
esta es la puerta del
Señor
los vencedores
entrarán por ella.
Yo no he de morir, yo
viviré
para contar las
hazañas del Señor.

Con Nosotros Está

Coro: Con nosotros está
y no le conocemos
con nosotros está
su nombre es El
Señor (bis)

Su nombre es El Señor y
pasa hambre
y clama por la boca del
hambriento,
y muchos que le ven pasan
de largo
acaso por llegar
temprano al templo.

Su nombre es El Señor y
está desnudo
la ausencia del amor hiela
los huesos,
y muchos que lo ven pasan
de largo
seguros y al calor de su
dinero.

Su nombre es El Señor y
está en la cárcel
y está en la soledad de
cada preso,
y nadie lo visita y hasta
dicen,
tal vez este no era de los
nuestros.

Su nombre es El Señor y
sed soporta
y está en quien de justicia
va sediento
y muchos que lo ven pasan
de largo
acaso por llegar
temprano al templo.

Su nombre es El Señor el
que sed tiene
quien clama por la boca
del hambriento
esta1 preso, está
enfermo, está desnudo
pero él nos va a juzgar por
todo eso.

Un Solo Señor

ANT. Un solo Señor, una
   sola Fe.
   un solo Bautismo,
   un solo Dios y
   Padre.

1. Llamados a guardar la
  unidad del Espíritu
 por el vínculo de la paz,
 cantamos y
  proclamamos.

2. Llamados a formar un
  solo cuerpo
 en un mismo Espíritu
 cantamos y
  proclamamos.

3. Llamados a compartir
 una misma esperanza
  en Cristo,
 cantamos y
  proclamamos.

Ven a Nuestras Almas

Coro: Ven a nuestras
     almas,
     Oh, Espíritu Santo,
     Y envíanos del
     cielo
     De tu luz un rayo.

1. Ven, Padre de pobres,
   Ven, de dones franco
   Ven, de corazones
   Lúcido reparo.

2. Ven, Consolador
   Dulce y soberano,
   Después de las almas,
   Y suave regalo.

3. Tú das amoroso
   Descanso al trabajo
   Templanza en lo
    ardiente,
   Consuelo en el llanto.

4. Santísima luz
   De todo Cristiano
   Lo íntimo del pecho
   Llenas de amor casto.

Una Espiga

Coro: Una espiga dorada
      por el sol,
      El racimo que
      corta el viñador,
      Se convierten
      ahora en pan
      y vino de amor,
      En el cuerpo y
      sangre del Señor.

1. Comulgamos la misma
   comunión,
   Somos trigo del mismo
   sembrador,
   Un molino, la vida, nos
   tritura con dolor,
   Dios se hace Eucaristía
   en el amor.

2. Como granos que han
   hecho el mismo pan,
   Como notas que tejen
   un cantar,
   Como gotas de agua
   que se funden en el
   mar,
   Los cristianos un
   cuerpo formarán.

3. En la mesa de Dios se
   sentarán,
   Como hijos su pan
   comulgarán;
   Una misma esperanza
   caminando
   cantarán;
   En la vida como
   hermanos se
   amarán.

Acuérdate de Jesucristo

Antífona: Acuérdate de
Jesucristo
Resucitado de
entre los
muertos;
El es nuestra
salvación,
Nuestra gloria
para
siempre.

1. Si con El morimos,
   Viviremos con El.
   Si con El Sufrimos,
   Reinaremos con El.

2. En El nuestras penas,
   En El nuestro gozo,
   En El la esperanza,
   En El nuestro amor.

3. En El toda la gracia,
   En El nuestra paz.
   En El nuestra gloria,
   En El la salvación.

Ya No Temo, Señor

Todos: Cristo está
conmigo,
Junto a mí va El
Señor;
Me acompaña
siempre
En mi vida hasta
el fin.

1. Ya no temo, Señor, la
tristeza.
Ya no temo, Señor, la
soledad.
Porque eres, Señor, mi
alegría
Tengo siempre tu
amistad.

2. Ya no temo, Señor, a la
noche,
ya no temo, Señor, la
oscuridad;
porque brilla tu luz en
las sombras,
ya no hay noche, Tú
eres luz.

3. Ya no temo, Señor, los
fracasos,
ya no temo, Señor, la
ingratitud;
porque el triunfo,
Señor, en la vida
Tú lo tienes, Tú lo das.

4. Ya no temo, Señor, los
abismos,
ya no temo, Señor, la
inmensidad;
porque eres, Señor, el
camino
y al vida, la verdad.

5. Ya no temo, Señor, a la
muerte,
ya no temo, Señor, la
eternidad;
porque Tú estás allá
esperando
que yo llegue hasta Tí.

Soy Feliz, Señor

Coro: Soy Feliz, Señor,
     Porque Tú vas
     conmigo,
     Vamos lado a lado,
     Eres mi gran
     amigo

1. Que tu mensaje divino
   De luz me inunde ya
   para llevar a los
      hombres
   La alegría y la verdad.

2. Quiero tener en mis
      ojos
   La luz de tu mirar.
   Y tu mano en la mía
   Para mi vida guiar

3. Como brilla en el cielo
   La luz de cada día,
   Así brillen mis labios,
   Con sonrisas de alegría

4. Como viento veloz
   El tiempo de la vida
      pasa.
   Quiero tener en mí
   El favor de tu gracia.

Como Brotes de Olivo

ANT. Como brotes de
      olivo,
      en torno a tu mesa,
      Señor,
      así son los hijos de
      la Iglesia.

1. El que teme al Señor
     será feliz,
    feliz el que sigue tu
     ruta.

2. Del trabajo de tus
     manos comerás,
    a tí, la alegría, el gozo.

3. Y tu esposa en el medio
     de tu hogar
    será como viña
     fecunda.

4. Como brotes de un
     olivo reunirás
    los hijos en torno a tu
     mesa.

5. El Señor bendecirá al
     hombre fiel
    con esta abundancia de
     bienes.

6. A los hijos de tus hijos
     los verás
    la gloria al Señor, por
     los siglos.

La Calzada de Emaús

Por la Calzada de
   Emaús
un Peregrino iba
   conmigo.
No le conocí al
   caminar,
ahora sí, en la
   Fracción del Pan.

1. ¿Qué llevabas
   conversando?,
me dijiste, buen
   amigo,
y me detuve
   asombrado
a la vera del camino.
¿No sabes lo que ha
   pasado
ayer en Jerusalén?,
de Jesús de Nazaret,
a quien clavaron en
   Cruz.
Por eso me vuelvo en
   pena
a mi aldea de Emaús.

2. Van tres días que se ha
   muerto,
y se acaba mi
   esperanza.

Dicen que algunas
   mujeres
al sepulcro fueron de
   alba.
Dijeron que algunos
   otros
hoy también allá
   buscaron.
Mas se acaba mi
   confianza;
no encontraron a
   Jesús,
por eso me vuelvo
   triste
a mi aldea de Emaús.

3. Oh, tardíos corazones,
que ignoráis a los
   profetas!
En la ley ya se anunció
que el Mesías
   padeciera,
y por llegar a su Gloria
escogiera la aflicción.
En la tarde de aquel día
yo sentí que con Jesús
nuestro corazón ardía
a la vista de Emaús.

Pueblo de Reyes

Pueblo de Reyes,
asamblea santa,
pueblo sacerdotal,
pueblo de Dios
bendice a tu Señor.

1. Te cantamos a tí,
esplendor de la
gloria!
te alabamos, estrella
radiante que
anuncias el día.

2. Te cantamos, oh luz,
que iluminas
nuestras sombras!
Te alabamos, antorcha
de la nueva
Jerusalén!

3. Te cantamos, mediador
entre Dios y los
hombres.
Te alabamos, oh ruta
viviente, camino del
cielo!

4. Te cantamos, pastor
que nos conduces al
Reino
Te alabamos, reúne a
tus ovejas en un
redil!

5. Te cantamos, oh
Templo de la Nueva
Alianza!
Te alabamos, oh
Piedra Angular y
Roca de Israel!

6. Te cantamos, Mesías
esperado por los
pobres!
Te alabamos, oh
Cristo, nuestro Rey
de humilde
corazón.

Resucitó

Resucitó. Resucitó.
Resucitó. Aleluya.

1. La muerte, ¿dónde está
   la muerte,
   Dónde está mi muerte,
   Dónde su victoria?
   Resuci . . .

2. Gracias sean dadas al
   Padre,
   Que nos pasó a Su reino
   Donde se vive de amor.
   Resuci . . .

3. Alegría, alegría
   hermanos;
   que si hoy nos
   queremos,
   es que resucitó.

4. Si con él morimos,
   con él vivimos,
   con él cantamos;
   Aleluya.

Nota: Después de cantar:
   "Resucitó,
   Resucitó,
   Resucitó,
   Alleluya."
   se repite la melodía
de Resucitó con
   la palabra:
   "Aleluya."

Indice Alfabético